Roland Bauer

Lernen an Stationen in der Grundschule

•

Ein Weg
zum kindgerechten Lernen

•

Cornelsen
SCRIPTOR

Gedruckt auf chlorfrei gebleichtem Papier
ohne Dioxinbelastung der Gewässer

Die Deutsche Bibliothek – CIP-Einheitsaufnahme

Bauer, Roland:
Lernen an Stationen in der Grundschule: ein Weg
zum kindgerechten Lernen / Roland Bauer. –
Berlin: Cornelsen Scriptor, 1997
ISBN 3-589-21108-3

Dieses Werk berücksichtigt die Regeln der reformierten Rechtschreibung
und Zeichensetzung.

6.	5.	4.	3.	✓	Die letzten Ziffern bezeichnen
01	2000	99	98		Zahl und Jahr des Drucks.

©1997 Cornelsen Verlag Scriptor GmbH & Co. KG, Berlin
Redaktion: Marion Clausen, Gleichen-Etzenborn
Herstellung: Hans Reichert, Frankfurt am Main
Umschlagentwurf: Studio Lochmann, Frankfurt am Main
Zeichnungen (wenn nicht anders angegeben): Klaus Becker, Frankfurt am Main;
Seite 69: Hans Traxler, Frankfurt am Main
Fotos: Roland Bauer, Gäufelden
Die Abbildungen auf den Seiten 93, 105, 148 und 151 sind Mathematik-Büchern des
Cornelsen Verlags, Berlin, entnommen. Wir danken der Mathematik-Redaktion des
Cornelsen Verlags für ihre freundliche Unterstützung.
Satz: FROMM MediaDesign GmbH, Selters/Ts.
Druck und Bindung: Clausen & Bosse, Leck
Printed in Germany
ISBN 3-589-21108-3
Bestellnummer 211083

Inhaltsübersicht

Vorbemerkung 9

I. Ausgangssituation

1. Ausgangssituation allgemein 11
   Kinder sind (heute) anders 11
   Der Grundschulunterricht 13
   Der Lehrplan, die Vorgaben 15
   Äußere Bedingungen in der Grundschule 18
   Variablen bei den Lehrerinnen und Lehrern 20
   Lernen optimieren 22
   Eigenaktivitäten entfalten 24
2. Ursprung und Entwicklung vom Lernen an Stationen 26
   Begriffsklärung 27
   Grundidee der Arbeitsform 27
   Chancen, Möglichkeiten, Risiken 28
3. Voraussetzungen beim Kind 30
   Intellektuelle Voraussetzungen 30
   Individuelle Neigungen 30
   Arbeits- und Lerntempo 32
   Bewegungsdrang und Konzentrationsmöglichkeit 32
   Berücksichtigung der Lernbiologie 33
   Motivation 36
   Lernformen 38
   Sozialformen 38
4. Folgerungen für das Lernen an Stationen 41

II. Das Lernen an Stationen

Übersicht über Zusammenhänge 45
5. Äußere und innere Organisation 46
   Klassenzimmer gestalten 46
   Arbeitsaufträge bereitstellen 46
   Hinweisschilder 48
   Schülertische einbeziehen 49
   Ordnungskriterien 50
   Arbeitsweisen der Kinder 51
   Arbeits- und Verhaltensregeln 52
   Anzahl der Lernstationen (Menge der Arbeitsaufträge) 53

Laufzettel, Fortschrittsliste 54
Zeitlicher Umfang beim Lernen an Stationen 61
Ablagemöglichkeiten für Zwischenergebnisse, Endprodukte
und den Laufzettel 62
Rückmeldungen an die Kinder 62
Helfersystem aufbauen 63
Gegenseitige Information, Austausch, Gesprächsrunden 65
Inhaltliche Prägung der Gesprächsphasen 66
Die „Einführung" 67
Die Anfangsstation festlegen 67
Anzahl der Stationen aus der Sicht des Kindes 68
Weitere praktische Tipps 70
Zusammenfassung 71

6. **Kinder in die Planung einbeziehen** 73

7. **Die Arbeitsaufträge bzw. die Stationen gestalten** 74
Bereits bekannte Materialien einsetzen 74
Offene Aufgabenstellungen 75
Kinder erstellen weitere Lern- oder Arbeitsstationen selbst 75
Verständliche schriftliche Anweisungen 76
Bekanntes und Neues sinnvoll mischen 76
Unterschiedliche Zugänge anregen 77
Qualitative Differenzierung berücksichtigen 77
Hilfen anbieten 79
Zusammenfassung 81

8. **Unterschiedliche Arten beim Lernen an Stationen** 82
Übungszirkel 82
Vertiefendes Bearbeiten 83
Selbstständiges Erarbeiten 83
Schulbuchseiten oder andere Medien aufarbeiten 84

9. **Schwerpunkte beim Lernen an Stationen** 85
Die Lerneingangskanäle berücksichtigen 85
Die brunerschen Repräsentationsebenen berücksichtigen 86
Das unterschiedliche Arbeitstempo berücksichtigen 87
Zusammenfassung 87

10. **Grundlagen für die Gestaltung von Arbeitsstationen** 89
An die Einführungsphase anlehnen 89
Lernkarteien oder Ähnliches verwenden 90
Arbeitshefte oder ähnliche Quellen aufarbeiten 91
Unterschiedliche Materialien verwenden 95
  Fertige Materialien 95
  Blankomaterialien (Lernmaschine, Legespiele, Kartenspiel,
  Klappbücher, Stecktafeln) 95

Bilder und Fotos 102
Materialien zur „Entspannung" (Soma-Würfel, Memory) 104
11. Übungszirkel gestalten 107
Gestaltungsmöglichkeiten 107
Übungsgesetze berücksichtigen 107
Schwerpunkte setzen 109
Nach Übungsformen unterscheiden 109
Die Eingangskanäle berücksichtigen 109
Besondere Ansprüche an Stationen, die Übungszwecken dienen .. 109
Unterschiedliche Aufgabenstellungen 109
Das Durchhaltevermögen der Kinder berücksichtigen 110
Angebote für möglichst alle Eingangskanäle 110
Mehrkanaliges Lernen ermöglichen 110
Manuelle Tätigkeiten vorsehen 110
Unterschiedliche Sozialformen berücksichtigen oder anregen ... 111
Unterschiedliche Bearbeitungsarten ermöglichen 111
Die gesamte Breite des Übungsspektrums abdecken 111
Isolierte Übungen anbieten 111
Beziehungen innerhalb des Übungsgegenstandes
berücksichtigen 112
Qualitative Erweiterungen und produktive Aufgabenstellungen .. 112
Zusammenfassung 112
12. Weitere Formen des Stationenlernens gestalten 113
Buchseiten oder Arbeitshefte aufarbeiten 114
Themengebiete ganzheitlich bearbeiten 114
Ein Thema ohne Vorbereitung selbst erarbeiten 116
Ein Thema mit Hilfe des Lernzirkels vertiefend bearbeiten 116
13. Erfolgskontrolle und Leistungsbeurteilung 117
Den Kindern Verantwortung und Selbsteinschätzung übertragen .. 117
Umgang mit schwächeren Schülern 118
Kinder begleiten und beobachten 120
Klassenarbeiten und Tests 121
14. Lernen an Stationen und die „Zeitproblematik" 122
15. Der Einstieg in das Lernen an Stationen 124

III. Übergreifende Gesichtspunkte und Auswirkungen

16. Qualitätskriterien für das Lernen an Stationen 126
Ziele 126
Zusammenfassung 127

Wichtige Kriterien, die ein „gutes" Lernen an Stationen
kennzeichnen 128
   Stellung des Lernzirkels im Unterricht 128
   Ökonomie 128
   Inhaltliche Struktur 129
   Didaktisch-methodisches Gestalten der Arbeitsstationen 129
   Äußere Form 130
   Sozialformen 130
   Rolle der Lehrerin, des Lehrers 130
   Zusammenfassung 131

**17. Die veränderte Rolle der Lehrerin oder des Lehrers
in einem schülerorientierten Unterricht** 132

18. Kriterien für guten Unterricht 134

**19. Qualitätskriterien für offene Unterrichtsformen (Freie Arbeit,
Tagesplan, Wochenplan, Stationenlernen, Projekte)** 135
   Grundprinzipien des Unterrichts 135
   Umgangsformen 136
   Freiräume 137
   Selbstständigkeit 138
   Öffnung zur Umwelt 139
   Sprachkultur 140
   Rolle der Lehrerin und des Lehrers 141
   Lernberatung 142
   Zusammenfassung 143

20. Zusammenfassung und Ausblick 145

Anhang

Beispiele 147
   Berücksichtigung der Eingangskanäle am Beispiel
   von Einmaleinsreihen 147
   Inhaltliche Differenzierung am Beispiel der Kartoffelpflanze 153
Vorschläge für Umsetzungsmöglichkeiten 157
   Übungszirkel zum Einmaleins 157
   Zahlenraum bis 10 und Zahlbereichserweiterung 159
   Die Post 162
   Der Hund 163
   Herbst 164
   Vorbereitung eines Diktates 165
Literaturverzeichnis 167
Bezugsquellen 168

Vorbemerkung

Die in der Schule derzeit vorhandenen Gegebenheiten aus unterschiedlicher Sicht betrachten und annehmen, das Wissen über Denken und Lernen einbeziehen und einen Weg aufzeigen, der diese Voraussetzungen in produktive Unterrichtsarbeit umsetzt, darin liegen die Schwerpunkte dieses Buches.

Lernen an Stationen kann die in der Schule derzeit vorhandenen Gegebenheiten annehmen und innerhalb der gesetzten Rahmenbedingungen das Lernen in der Schule optimieren. Auf diesem Wege wird den Lehrerinnen und Lehrern eine Möglichkeit für vielleicht neue Erfahrungen eröffnet: Kinder können ihr Lernen durchaus sinnvoll mitgestalten und im Laufe der Zeit sogar selbst gestalten. Sie lernen und leisten auch dann etwas, wenn nicht alle zur gleichen Zeit das tun, was ihnen im Unterricht über die Anweisungen und Vorgaben der Lehrerinnen und Lehrer aufgetragen wird.

Das Lernen optimieren, den Lernenden in den Mittelpunkt stellen und trotz immer noch steigender Klassengrößen die individuelle Beschäftigung mit einzelnen Kindern ermöglichen, dies sind die erklärten Ziele des hier beschriebenen Unterrichts und des Lernens an Stationen.

Damit wird eine Form selbstständigen Arbeitens dargestellt, bei der

- unterschiedliche Lernvoraussetzungen der Kinder,
- unterschiedliche Zugänge,
- das unterschiedliche Lern- und Arbeitstempo,
- häufig fächerübergreifendes Arbeiten sowie
- ganzheitliche Betrachtungsweisen

berücksichtigt werden.

Bisherige Erfahrungen im Zusammenhang mit dieser Arbeitsform können reflektiert, bestätigt oder gegebenenfalls optimiert werden. Demjenigen, dem diese Form noch neu ist, wird die Möglichkeit zum Kennenlernen und zu ersten Schritten eröffnet.

Es ist nicht das Ziel, auf wissenschaftlichem Hintergrund Gedanken und Ziele zu entwickeln, sondern die breite praktische Erfahrung und Reflexion des Autors darzustellen, Begründungen für kindorientiertes Arbeiten zu beschreiben und einen Ausblick auf umfassendere Möglichkeiten offenen Arbeitens in der Grundschule zu geben.

Die Gestaltung des Buches soll ebenfalls unterschiedlichen Ansprüchen gerecht werden. Häufig sind Inhalte auf mehreren Ebenen dargestellt, als zusammenhängender Text, als kurze strukturierte Übersicht sowie in Form einer bildlichen Darstellung. Damit kann die Leserin, der Leser die Inhalte auf der Ebene aufnehmen, die für sie, für ihn ansprechend ist, analog zu dem hier beschriebenen Lernen in der Schule.

Mit diesem Buch sollen die Zusammenhänge zwischen einzelnen Inhalten klar herausgestellt werden, sie bleiben jedenfalls nicht nur dem Leser überlassen. Eine derartige Vorgehensweise bedingt scheinbare Wiederholungen, die jedoch einer Erwähnung und Bewusstmachung in einem anderen Zusammenhang dienen.

Durch diese inhaltliche Strukturierung ist das vorliegende Buch sowohl als eine zusammenhängende Lektüre, als Nachschlagewerk und Informationsquelle und gleichzeitig als Grundlage für punktuelle Anregungen und Impulse geeignet.

Eine abschließende Bitte an Sie als Leserin oder Leser: Entscheiden Sie selbst, welche Darstellungsformen Ihrem eigenen Lerntyp am ehesten entsprechen; vielleicht erweitern Sie gerne Ihre Schwerpunktsetzungen für sich selbst und beziehen andere Darstellungsebenen und Lernmuster bewusster in Ihre Arbeit ein.

I. Ausgangssituation

1. Ausgangssituation allgemein

Kinder sind (heute) anders

Diese Aussage entspricht fast dem Titel eines Buches, das Maria Montessori bereits 1950 vorstellte und das heute in der 22. Auflage vorliegt (siehe dazu auch: Maria Montessori, 1980). Damit wird deutlich, dass die Aussage wohl zu jeder Zeit ihre Begründung findet. In diesem Kapitel werden also nicht in aller Breite die „veränderte Kindheit" und die notwendigen Schlussfolgerungen dargestellt, denn dies ist in vielen Büchern sehr gut beschrieben. (Gerne verweise ich auf folgende Standardwerke: Maria Fölling-Albers, 1989; Hans-Günter Rolf, 1990; Heiner Ulrich, Franz Hamburger, 1990; Faust-Siehl u. a., 1996.) Die Zusammenhänge stelle ich dabei in Anlehnung an ein Bild dar, das ich im Folgenden parallel zu den Ausführungen entwickeln werde.

Kinder kommen in die Schule und sind zu diesem Zeitpunkt keine erfahrungslosen Wesen. Ganz im Gegenteil, sie bringen eine meist mindestens sechsjährige Erfahrung aus ihrem Elternhaus, aus dem sozialen Umfeld, dem Kindergarten und sicherlich auch den Medien mit. Gleichzeitig können sie auf eine große Lernerfahrung zurückblicken, in der sie sich (ohne schulischen Einfluss) bereits unzählige Kenntnisse und Fertigkeiten angeeignet haben. Denken wir nur an das Erlernen einer Sprache, des Essens, des Trinkens, an das Gehen, Rennen, Radfahren, das Bedienen von technischen Geräten, z. B. von Fernbedienungen usw.

Vermutlich hatten jedoch noch nicht alle Kinder die Möglichkeit zu lernen, dass sie nun nicht mehr alleine im Mittelpunkt stehen, mit Mitschülerinnen und Mitschülern teilen müssen, nicht immer gleich eine Rückmeldung erhalten usw., wobei damit einige soziale Gesichtspunkte genannt sind.

Sicher ist jedenfalls, dass sich die Familienstruktur der Kinder nicht unbedingt mit der weit verbreiteten Vorstellung von der „Idealfamilie" (zwei Elternteile und möglichst zwei Kinder) deckt, wenn über die Hälfte der Familien mit Kindern sogenannte Einkindfamilien sind und immerhin schon fast jedes sechste Kind in einer Einelternfamilie (Alleinerziehende) aufwächst.

Dadurch und selbstverständlich auch durch die veränderten (oft kinderfeindlichen) Wohnverhältnisse hat sich auch das soziale Umfeld gegenüber unserer eigenen Kindheit grundsätzlich verändert. Dies soll keine Wertung darstellen, sondern lediglich einen Zustand beschreiben. Trotz intensiver Bemühungen der Erzieherinnen in den Kindergärten treten Primärerfahrungen und grundlegende sinnliche Erfahrungen immer mehr in den Hintergrund, Kenntnisse aus Medien dagegen sehr viel mehr in den Vordergrund. Die Aussage eines Kindes: „Das ist ja wie im Fernsehen" macht die Vorstellung von seiner Umwelt und die Einstellung dazu wohl besonders deutlich.

Zusammenfassend: Wir haben Kinder in der Schule, die bereits viele Erfahrungen und Kenntnisse mitbringen, die bereits ein kräftiges Pflänzlein darstellen, das es anzunehmen und zu entwickeln gilt. Die Kinder haben eine hohe Kompetenz, die zu unterstützen und zu nutzen ist. Sie haben bereits Handlungsfähigkeiten, bei deren Erweiterung wir mithelfen können.

Die Kooperation mit dem Kindergarten ist damit ebenfalls auf eine neue Ebene zu stellen: Sie dient dann nicht mehr vorrangig dem „Sortieren" von Kindern in die, die den Anforderungen der Grundschule entsprechen, und die, die noch nicht soweit sind, sondern der Klärung des bisherigen Entwicklungs- und Lernstandes, also der Frage: Wo muss die Grundschule weitermachen? Ich möchte betonen: „weitermachen", nicht „Wo muss ich anfangen?", denn die Kinder stehen bereits irgendwo: Anfangsunterricht und Grundschulunterricht sehe ich als ein Intervall in der Lernbiographie der Kinder.

Der Grundschulunterricht

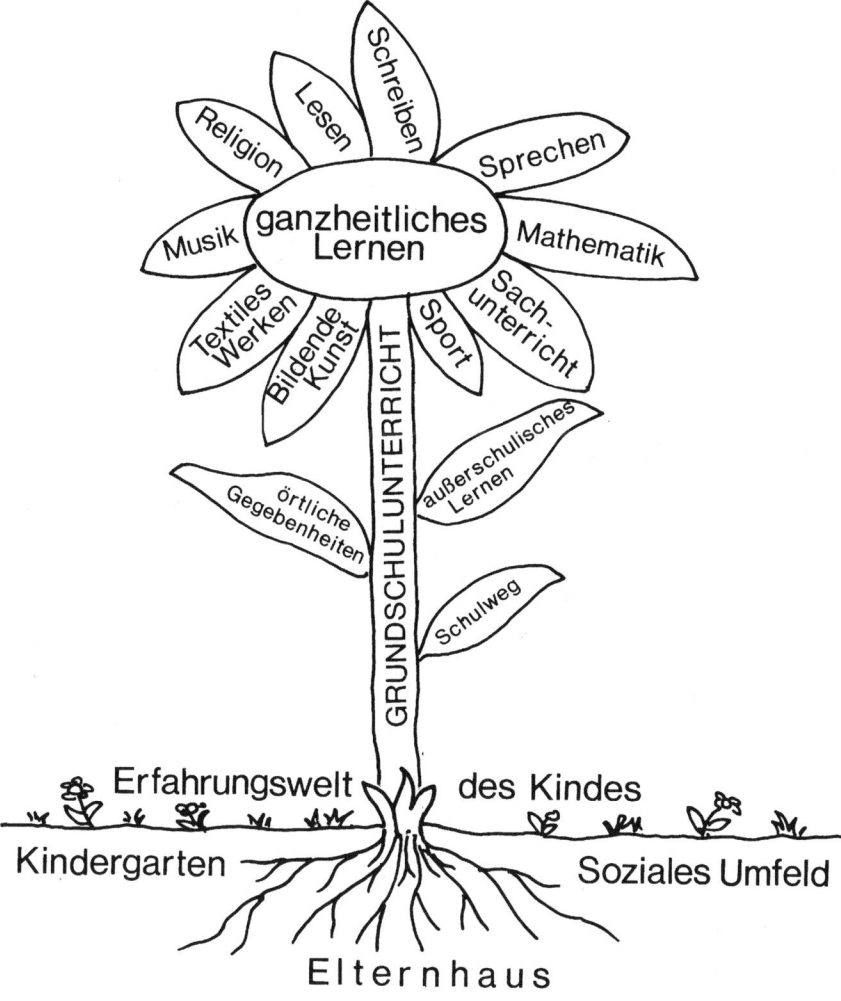

Unsere Aufgabe ist es also, die kleine oder schon kräftige Pflanze zu einer strahlenden Blume wachsen zu lassen, die ihre Blütenblätter im Laufe der Grundschule entwickelt. Der Grundschulunterricht stellt dabei den Blütenstengel dar, die Blütenblätter sollen die einzelnen Fächer charakterisieren. An diesem Bild wird schon sehr deutlich, dass es wenig Sinn hat, immer nur einzelne Blütenblätter, also die Fächer zu betrachten und dem Betrachter selbst das Zusammenfügen zu einer ganzen Blume zu überlassen. Ein Kind (übrigens auch ein Erwachsener) wird die Schönheit einer Blume nie erkennen und genießen können, wenn es immer nur einzelne Blütenblätter zur Anschauung vorgesetzt bekommt.

Daraus ergibt sich eine erste Schlussfolgerung für den Unterricht in der Grundschule (und ich denke, auch in weiterführenden Schulen): Sachverhalte sollten zunächst ganzheitlich betrachtet und beschrieben, interessante Dinge daran entdeckt und die mögliche Vielschichtigkeit erkannt werden. Erst danach kann dann im Laufe der Zeit eine Fokussierung auf fachlich orientierte Betrachtungen erfolgen. Das Ziel ist dabei, die Lebenswirklichkeit in den Vordergrund zu stellen, uns einem Ausschnitt des Lebens zunächst mit dem Alltagsverstand anzunähern und erst dann den Bezug zu den Wissenschaften (allgemeinbildende Fächer) und den Künsten (musische Fächer) zu suchen. Den Ausgangspunkt für den Unterricht, für die Arbeit in der Schule, stellt dann die momentane Situation mit ihrer Sichtweise dar.

Wir Lehrerinnen und Lehrer müssen uns vergegenwärtigen, dass viele „Sachen" für die Kinder noch gar keine Bedeutung im schulischen Sinne haben. Sie bekommen diese Bedeutung erst, wenn wir ihnen in der Schule Bedeutung zumessen. Der Lernende, das Kind, muss ihnen jedoch Bedeutung zumessen, nicht allein wir Lehrende, soll ein optimaler Lernprozess in Gang kommen und ablaufen.

Hier hilft dann das Einbeziehen von örtlichen Gegebenheiten, die wir aber möglichst *außerhalb* des Klassenzimmers, der Schule suchen, und zwar nicht nur in Form von Beschreibungen, sondern z. B. auch in Form von Bildern und Fotos, die Bezüge zur Schul- und Wohnumgebung und den Inhalten in der Schule darstellen, oder noch besser, indem wir mit den Kindern das Klassenzimmer, die Schule verlassen.

Außerschulisches Lernen, in das ich das Fernsehen und sonstige Medien gerne mit einbeziehe, lässt sich in schulisches Lernen gut integrieren, wenn dieses nicht immer nur auf den Moment bezogen und dann „abgehakt" ist, sondern immer eine längerfristige Angelegenheit darstellt.

Wir können und sollten ruhig zugeben, dass wir in der Schule das Informationsmonopol verloren haben, das die Schule vor einigen Jahrzehnten, vielleicht auch noch während unserer eigenen Grundschulzeit, hatte. Damals konnte man das Leben des Maulwurfs unter der Erde wirklich nur über den Film in der Schule bildlich kennenlernen. Solche Dinge, und viel spannendere und kompliziertere, kennen die Kinder heute aus zahlreichen, sicherlich guten Fernsehsendungen. Man denke nur an die Sendung mit der Maus.

Der Lehrplan, die Vorgaben

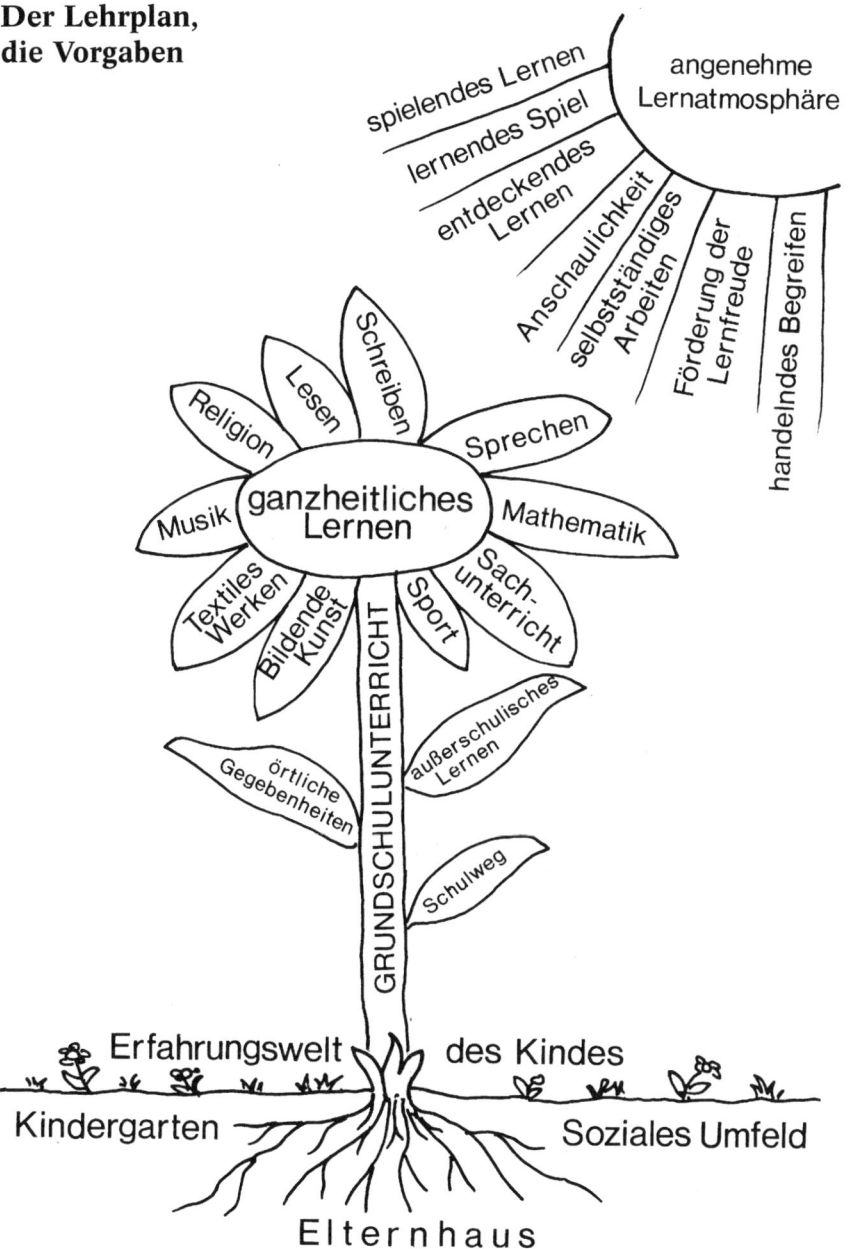

spielendes Lernen

angenehme Lernatmosphäre

lernendes Spiel

entdeckendes Lernen

Anschaulichkeit

selbstständiges Arbeiten

Förderung der Lernfreude

handelndes Begreifen

Schreiben

Lesen

Religion

Sprechen

ganzheitliches Lernen

Musik

Mathematik

Textiles Werken

Bildende Kunst

Sport

Sach-unterricht

GRUNDSCHULUNTERRICHT

örtliche Gegebenheiten

außerschulisches Lernen

Schulweg

Erfahrungswelt des Kindes

Kindergarten

Soziales Umfeld

Elternhaus

Eine Pflanze benötigt zum Wachsen auch Sonne. Diese habe ich hier zunächst mit einer angenehmen Lernatmosphäre in Verbindung gebracht.

Gleichzeitig gehören zu den wärmenden Strahlen dieser Sonne auch Begriffe wie spielendes Lernen oder lernendes Spiel, selbstständiges Arbeiten, handelndes Begreifen, entdeckendes Lernen, Anschaulichkeit und nicht zuletzt die Förderung der Lernfreude.

Sie mögen sich unter Umständen fragen, wie ich gerade zu dieser Auflistung komme. Es sind Aussagen, die sich in allen Bildungsplänen, Rahmenrichtlinien, Leitlinien bzw. Lehrplänen der Bundesrepublik als Gemeinsamkeit für die Arbeit in der Grundschule finden, was ich durchaus als wärmende Sonne empfinde, da in allen Bereichen der Grundschule ein kindgerechtes Lernen und Arbeiten gefordert wird.

Es liegt an uns, den Lehrerinnen und Lehrern, was wir aus den Bildungsplänen und Lehrplänen machen, welchen Umfang, welche Inhalte wir den einfachen Aussagen der Beschreibung von Lerninhalten in den Lehrplänen zuschreiben. Meist ist es sehr viel mehr, als die Verfasser der Lehrpläne eventuell impliziert haben. Nicht umsonst findet sich dies unter dem Begriff „Heimlicher Lehrplan" wieder.

Um es noch deutlicher zu beschreiben: Die so oft vorgeschobene Stofffülle erzeugen wir, nicht die Lehrpläne. Vielleicht weil wir uns auch gerne und möglicherweise zu oft an den vorliegenden Schulbüchern orientieren und uns den dahinterstehenden Lernprogrammen und deren Aufgabenfülle unterordnen.

„Mut zur Gründlichkeit" statt *„Mut zur Lücke".* Jeder Lehrgang verführt zur Vollständigkeit und damit zu Hast und Eile! Dinge, die einem sinnvollen Lernprozess nicht förderlich sind. Das sind dann wohl schon die Wolken, welche die Sonne manchmal verdecken.

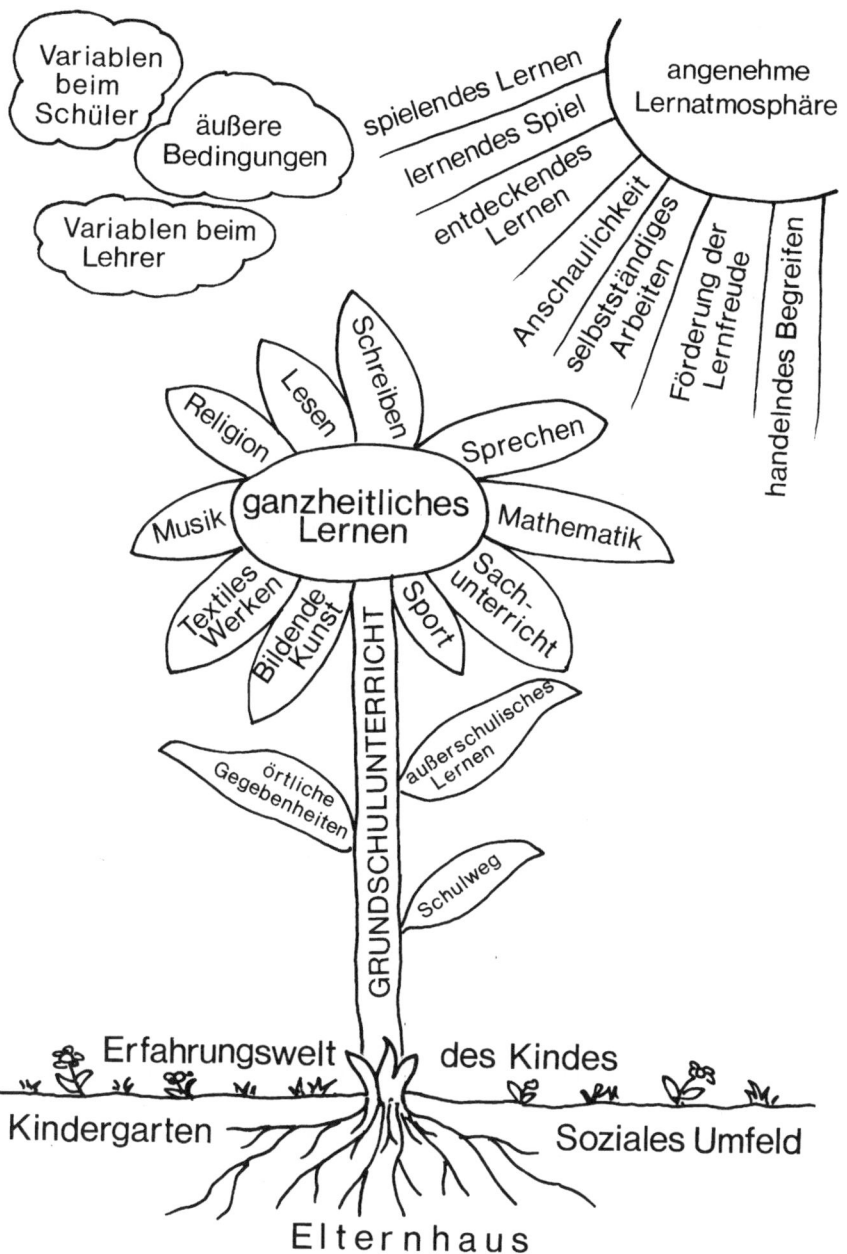

Äußere Bedingungen in der Grundschule

Bücher: Dienen sie als Leitfaden schlechthin, als Hilfsmittel oder als willkommene Fundgrube und Lernhilfe? Geben Sie die Antwort selbst.

Klassenzimmer/Lernumgebung: Wer optimal lernen soll, benötigt auch eine entsprechende Lernumgebung. In Grundschulen ist es heute fast keine Frage mehr, dass Klassenzimmer entsprechend ausgestattet sind, manchmal vielleicht sogar zu üppig. Gefragt ist jedoch mehr Variabilität, nicht die optimale Ausstattung, die optimale Sitzform. Es gibt keine optimale Sitzform (sonst wäre sie schon lange verordnet), aber es gibt für jeden Unterricht eine optimale Sitzform:

Die *Omnibussitzweise* ist sinnvoll, um von der Tafel etwas abzuschreiben. Für Gespräche ist sie jedoch absolut ungeeignet, vor allem wenn die Gesprächsbeiträge für alle in der Klasse Anwesenden bestimmt sind. Als häufiger Beobachter im Unterricht wird mir immer deutlich vor Augen geführt, welch demotivierende Angelegenheit es für ein Kind sein muss, „hinten" zu sitzen und immer nur gegen Hinterköpfe zu reden. Wie abgestumpft sind Kinder schon, wenn sie sich nicht mal umdrehen, wenn ihnen ein anderes Kind, das hinten sitzt, etwas erzählt. Für uns Lehrerinnen und Lehrer ist das nie ein Problem. Stehen wir vorne und die Kinder blicken nach vorne, dann sehen wir immer in das Gesicht von Sprechenden.

Gruppentische in der Klasse sind optimal, um mit anderen etwas gemeinsam zu besprechen oder zu bearbeiten. Sie sind jedoch aus meiner Sicht eine enorme Zumutung, wenn Kinder in dieser für Gespräche und Blickkontakt optimalen Sitzform für sich alleine arbeiten sollen, womöglich noch alle am Tisch dasselbe, ohne miteinander sprechen zu dürfen. Lehrkräfte schaffen übrigens selbst eine derartige Anstrengung nur selten länger als wenige Minuten.

Der *Stuhlkreis* oder Sitzkreis ist verständlicherweise zum Schreiben ganz ungeeignet, er ist die optimale Form für Klassengespräche. Was ich damit sagen möchte: So selbstverständlich wir für ein Gespräch einen Stuhlkreis bilden, so selbstverständlich sollten wir auch sonst unsere Sitzform in der Klasse verändern. Einfach umstellen! Das können auch schon Erstklässler, wenn wir uns die Zeit zum Üben nehmen und eventuell Hilfsmittel anbieten. Kinder müssen erst lernen, wie sie einen Tisch hochheben und wegtragen. Nämlich wie bei Handwerkern, die einen schweren Gegenstand wegtragen, dort gibt einer das Kommando und macht Gemeinsamkeit stark. Wenn wir sagen, dass „unsere" Kinder das nicht können, sollten wir ihnen die Möglichkeit geben, dass sie es bei uns lernen können.

Einfache oder gar verschiedenfarbige Aufkleber auf Tischbeinen und auf dem Boden helfen bei der Orientierung beim Bilden neuer Sitzformen oder dem Stuhlkreis.

Wachsende *Klassengrößen* werden durch das Jammern darüber nicht beseitigt. Es gilt, Unterrichtsformen zu praktizieren, bei denen nicht mehr alle 30 Kinder auf eine Person, auf eine, die gleiche Sache ausgerichtet sind. Dreißig Kinder sind nicht längere Zeit und oft auf uns zu konzentrieren, aber jedes einzelne der dreißig vielleicht eher auf einen Partner, eine Sache, einen Lerngegenstand, für den Interesse besteht oder möglicherweise erst erzeugt werden muss.

Es steht *weniger Geld für die Anschaffung neuer Arbeitsmittel* zur Verfügung. Wir müssen daher die weiterführende Frage anschließen: Auf was könnten wir verzichten, wenn wir neue Arbeitsmittel, Spiele, Materialien unbedingt wollen? Müssen wir all die Bücher für jeden einzelnen Schüler haben? Bücher, die nur ab und zu benutzt werden und doch täglich die Schultasche und damit den Rücken der Kinder belasten? Hier könnten auch Klassensätze viele Anforderungen erfüllen. Die Unzahl von Kopien, die mein Gedächtnis in Verbindung mit ganz vielen Unterrichtsstunden bringt, auch die Bilder konzentrierten Wartens am Kopierer, Minuten vor Unterrichtsbeginn. Dabei sind es oft Kopien, die mit wenigen Einträgen versehen anschließend unter Umständen dauerhaft und auf Nimmerwiedersehen in einem Heft oder einem Ordner verschwinden. Würde es nicht auch genügen, dass nur ganz wichtige Dinge (zum Merken) dauerhaft in ein Heft oder einen Ordner eingehen? Aufschriebe, die jedoch nur gemacht werden, weil man beim Schreiben etwas lernt (z. B. eine Fertigkeit), können nach dem Aufschrieb wieder „gelöscht" und neu beschrieben werden. Dann hat ein foliertes/kaschiertes Arbeitsblatt und die Beschriftung mit wasserlöslichem Stift eventuell viel größeren Wirkungsgrad und geringeren Papierverbrauch. In diesem Fall muss ein Kind nachher den Beweis erbringen, dass es beim Schreiben etwas gelernt hat, und nicht nur das Ergebnis in geschriebener Form vorweisen.

Unter wirtschaftlichen Gesichtspunkten ist das Kaschieren (Beziehen mit einer abwaschbaren Folie) von einem Blatt zudem wahrscheinlich preiswerter als ein Klassensatz Kopien.

Oft werden im Unterricht Dinge auch nur aufgeschrieben und im Heft mit nach Hause getragen, weil die Eltern auf diese Weise Einblick in die Schule wünschen und erhalten und weil wir auf diese Weise auch dokumentieren, dass bei uns gearbeitet wird.

Oft fragen wir: „Was mache ich dagegen?" Es ist sinnvoller und in die Zukunft gerichtet, wenn wir stattdessen die Frage stellen: „Was mache ich damit?" Damit signalisiere ich, dass ich als Lehrerin oder Lehrer die Verantwortung für ein Umgehen mit Voraussetzungen übernehme. Die Aussage „Ich würde ja auch, wenn …" macht mein Handeln von den Vorleistungen anderer abhängig. Und wie heißt ein schöner Spruch, der mir hier in den Sinn kommt: *Wenn wir warten, bis andere dort sind, wo wir sein wollen, dann warten wir ewig.*

Variablen bei den Lehrerinnen und Lehrern

Unsere Biographie und unser heutiges Denken über das Lernen und Arbeiten, über die Schule insgesamt prägen unser Tun. Indem ich mir bewusst werde, was Lernen früher für mich war, welche Vorstellung ich vom Lernen habe, was für ein Lerntyp ich bin usw., kann ich auch andere Einstellungen und Verhaltensweisen besser verstehen. In unserer Ausbildung haben wir sehr wenig über das Lernen erfahren und gelernt, wir mussten es nur immer tun.

Frederic Vester hat in seinem Buch „Denken, Lernen, Vergessen" (1978) aktuelle Grundlagen der Gehirnforschung veröffentlicht. Beim Lesen dieses Buches wurde mir vor allem durch das Kapitel IV: „Die Katastrophe der schulischen Praxis" bestätigt, wie wenig ich in meiner Ausbildung darüber erfuhr und wie viele Katastrophen auch ich schon in den Köpfen der Kinder erzeugt habe.

Unser Leben ist üblicherweise geprägt durch ein stark stofforientiertes Lernen und Wissen. Zu unserer Zeit in der Grundschule war noch überwiegend ein kleinschrittiges und inhaltsorientiertes Vorgehen angesagt. Im Gymnasium und auf der Hochschule fand dies meist eine nahtlose Fortsetzung, zumindest die fast ausnahmslose Stofforientierung, und nun sollen wir uns davon gedanklich frei machen und *dem Weg neben dem Ziel Gleichrang einräumen.*

Es ist verständlicherweise sehr schwer, nicht nur das Ergebnis einer Aufgabe zu würdigen, sondern sich um Lösungswege, Umwege, andere Zugänge usw. gleichrangig zu kümmern. Hierin liegt jedoch auch die große Chance, denn Kinder können genau diese Wege öfters alleine gehen, Umwege suchen und gestalten, neue Betrachtungsweisen eröffnen und damit auch uns Hilfen anbieten. Wir müssen ihnen nur den Rahmen dazu zur Verfügung stellen.

In unserem Studium haben wir gelernt und in den ausführlichen Unterrichtsentwürfen auch immer so beschrieben, als ob wir immer und sehr gut wüssten, in welcher Form Dinge und Methoden für das Kind förderlich sind. Sind es möglicherweise diese tiefe Prägungen, die uns teilweise daran hindern, unsere sicherlich vorhandenen Wünsche nach anderem Arbeiten umzusetzen? Sind es die pädagogischen Traditionen, die uns als Lehrkräfte das Tun, die zielgerichtete Steuerung so fest in der Hand halten lassen? Die pädagogischen Traditionen der Reformpädagogik konnten wir an uns selbst selten erleben oder gar selbst konsequent umsetzen.

Célestin Freinet beschreibt in seinen „Pädagogischen Texten" (1980) die Situation sehr treffend:

„Adler steigen keine Treppen
Vom methodischen Treppensteigen

Der Pädagoge hatte seine Methode aufs genaueste ausgearbeitet: Er hatte – so sagte er – ganz wissenschaftlich die Treppe gebaut, die zu den verschiedenen Etagen des Wissens führt; mit vielen Versuchen hatte er die Höhe der Stufen ermittelt, um sie der normalen Leistungsfähigkeit kindlicher Beine anzupassen; da und dort hatte er einen Treppenabsatz zum Atemholen eingebaut und an einem bequemen Geländer könnten die Anfänger sich festhalten. Und wie er fluchte, dieser Pädagoge! Nicht etwa auf die Treppe, die ja offensichtlich mit Klugheit ersonnen und erbaut worden war, sondern auf die Kinder, die kein Gefühl für seine Fürsorge zu haben schienen.

Er fluchte aus folgendem Grund: Solange er dabei stand, um die methodische Nutzung dieser Treppe zu beobachten, wie Stufe um Stufe emporgeschritten wurde, an den Absätzen ausgeruht und sich an dem Geländer festgehalten wurde, da lief alles ganz normal ab.

Aber kaum war er für einen Augenblick nicht da, sofort herrschten Chaos und Katastrophe! Nur diejenigen, die von der Schule schon genügend autoritär geprägt waren, stiegen methodisch Stufe für Stufe, sich am Geländer festhaltend, auf dem Absatz verschnaufend, weiter die Treppe hoch – wie Schäferhunde, die ihr Leben darauf dressiert wurden, passiv ihrem Herrn zu gehorchen, und die es aufgegeben haben, ihrem Hunderhythmus zu folgen, der durch Dickichte bricht und Pfade überschreitet.

Die Kinderhorde besann sich auf ihre Instinkte und fand ihre Bedürfnisse wieder: Eines bezwang die Treppe genial auf allen Vieren; ein anderes nahm mit Schwung zwei Stufen auf einmal und ließ die Absätze aus: Es gab sogar welche, die versuchten, rückwärts die Treppe hinaufzusteigen, und die es darin wirklich zu einer gewissen Meisterschaft brachten. Die meisten aber fanden – und das ist ein nicht zu fassendes Paradoxon –, dass die Treppen ihnen zu wenig Abenteuer und Reize bietet. Sie rasten um das Haus, kletterten die Regenrinne hoch, stiegen über die Balustraden und erreichten das Dach in einer Rekordzeit, besser und schneller als über die sogenannte methodische Treppe: Einmal oben angelangt rutschten sie das Treppengeländer runter ... um den abenteuerlichen Aufstieg noch einmal zu wagen.

Der Pädagoge macht Jagd auf die Personen, die sich weigern, die von ihm als normal gehaltenen Wege zu benutzen. Hat er sich wohl einmal gefragt, ob nicht zufällig seine Wissenschaft von der Treppe eine falsche Wissenschaft sein könnte, und ob es nicht schnellere und zuträglichere Wege gäbe, auf denen auch gehupft und gesprungen werden könnte: ob es nicht, nach dem Bild von Victor Hugo, eine Pädagogik für Adler geben könnte, die keine Treppen steigen, um nach oben zu kommen?"

Lernen optimieren

Nicht, dass ein falscher Eindruck entsteht: Wir benötigen in der Schule auch ganz gezieltes Belehren. Es gibt Dinge, die nicht selbst entdeckt werden können, die wir einfach vorgeben müssen. Regeln, vielleicht uneinsichtige, die einen Sachverhalt regeln oder beschreiben, sind vielleicht nur über gezieltes Belehren an das Kind zu bringen.

Gleichzeitig gibt es in der Grundschule viele Dinge, beim Rechnen, manuellen Schreiben usw., die intensiv geübt werden müssen. Beim Üben gibt es jedoch viele Wege. Bollnows „Geist des Übens" beschreibt dabei sicherlich ganz wichtige Elemente, z. B. wenn er die Freude am vollkommenen Können nach intensivem Üben nennt oder die dann entstehende innere Freiheit. Das empfehlenswerte Buch von Horst Speichert: „Richtig üben macht den Meister" macht mit den Erkenntnissen Vesters und mit den Arbeitsweisen des Gehirns vertraut und liefert entsprechende praxisorientierte Beispiele. Ein Satz aus diesem Buch soll zum Nachdenken anregen und gleichzeitig den Charakter dieses Buches knapp umschreiben: „Fünfzigmal geübt und dabei an …??? gedacht – die Un-Kenntnis blieb ungetrübt, es hat ihr gar nichts ausgemacht."

Wenn den Kindern bei ihrem Lernen mehr Verantwortung zugestanden werden soll, dann müssen wir auch Hilfen anbieten, damit sie den eigenen Lernweg finden, und ihnen Mut für Umwege und Sackgassen zusprechen. Wenn diese Anregungen und Hilfen individuell ausgerichtet werden, was ein gerechtfertigter Anspruch ist, dann sind sie schlecht in einen lehrgangsorientierten und lehrerorientierten Unterricht zu integrieren. Bei unterschiedlichen Bearbeitungsangeboten wird den Kindern jedoch „automatisch" Hilfe zu eigenen, sinnvollen und förderlichen Lernformen angeboten.

Hier gleicht unsere pädagogische Arbeit der eines Gärtners: Eine Pflanze zum Wachsen und Blühen bringen, die Früchte trägt oder Ableger bildet.

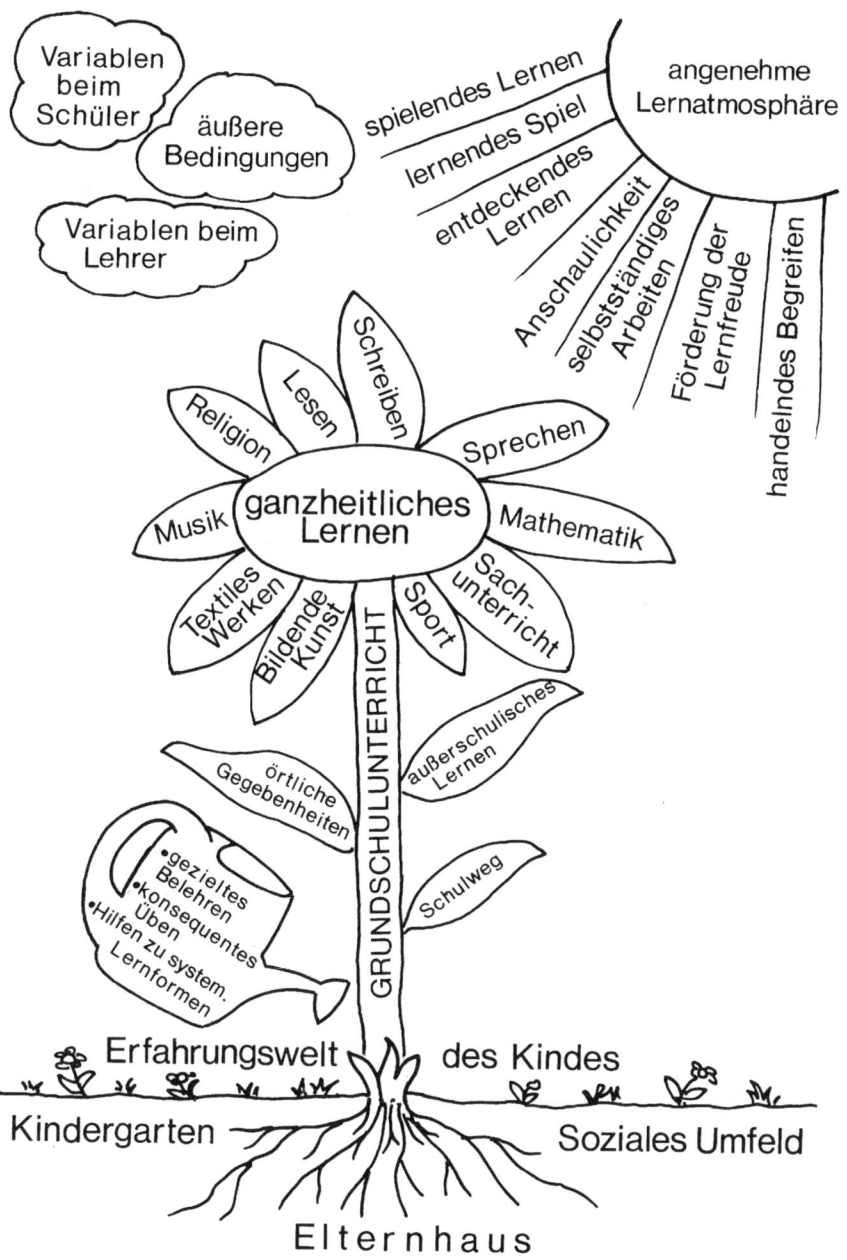

Eigenaktivitäten entfalten

Das Ziel der pädagogischen Arbeit ist dieser Ableger: die Entfaltung von Eigenaktivitäten der Kinder. Wenn sie lernen, sich selbst Probleme und Themengebiete auszuwählen, sich einen Weg für die Erarbeitung zu suchen und festzulegen und dann diesen Weg auch erfolgreich zu gehen, ist dies aus meiner Sicht die „echte" Freiarbeit. Gleichzeitig ist damit auch die Studierfähigkeit beschrieben.

Es ist klar, dass dieses Ziel kaum sofort erreicht werden kann. Nur einige Kinder können im Rahmen von forschendem Unterricht und in jeder Form von offenem Unterricht solche Wege bereits alleine gehen. Sie beherrschen schon viele Fähigkeiten, Fertigkeiten und Verhaltensweisen, um dieses Ziel zu erreichen. Die meisten müssen diese erst durch aktives Tun kennen lernen und sich dadurch aneignen. Auch wir müssen uns mit den Leistungen, zu denen die Kinder bei entsprechenden Rahmenbedingungen in der Lage sind, erst anfreunden und unser Verhalten darauf abstimmen.

Das Lernen an Stationen ist nach meiner Erfahrung sehr gut geeignet, den Weg in mehr Selbstständigkeit zu begleiten, neue Erfahrungen und *gemeinsames* Lernen für die Kinder und die Lehrerinnen und Lehrer zu ermöglichen.

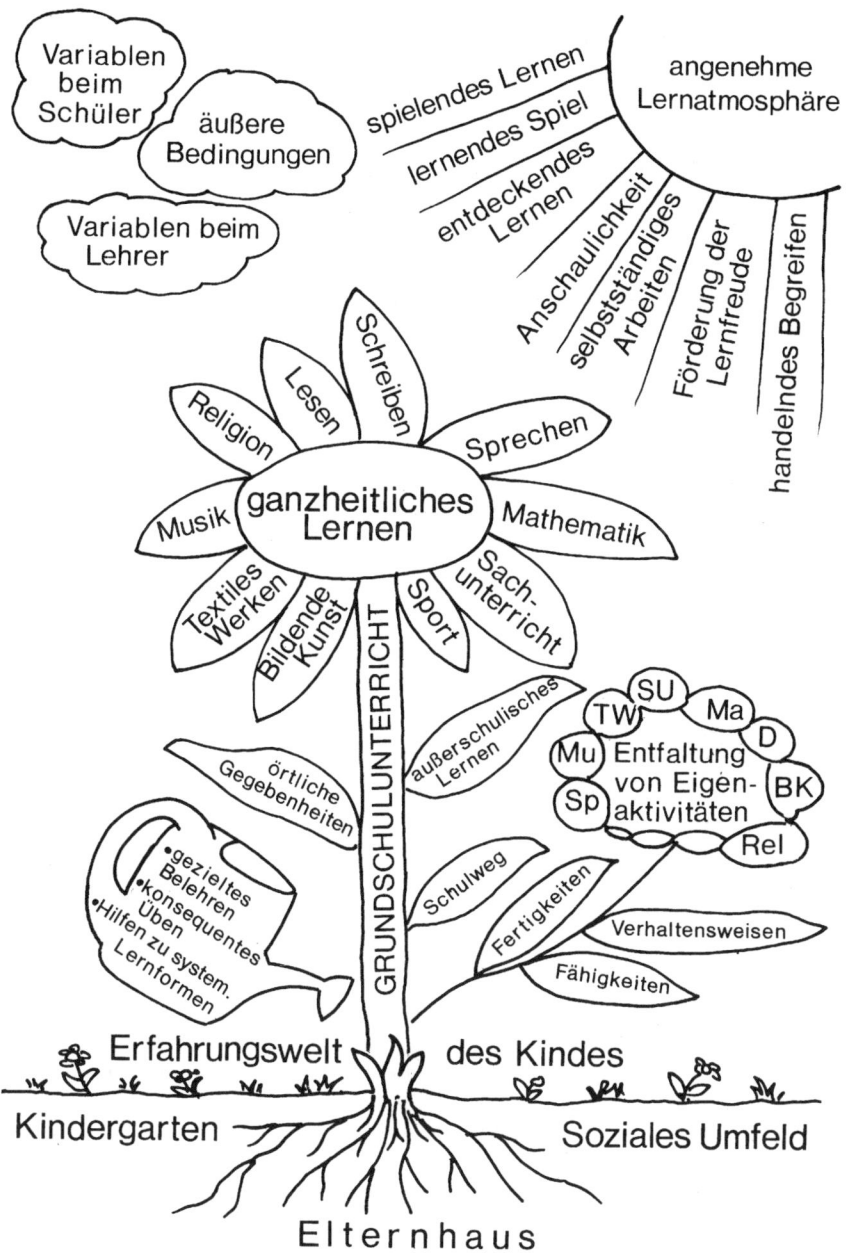

2. Ursprung und Entwicklung vom Lernen an Stationen

Die Begriffe „Lernzirkel", „Lernen an Stationen" sowie „Stationenlernen" können zunächst durchaus synonym verwendet werden. Unter Umständen prägen Sie anschließend für sich die richtige Beschreibung, zu Ihrem individuellen gedanklichen Hintergrund passend.

Der Begriff „Zirkeltraining" oder auch scherzhaft „Training für das Hirn", von Frau Ilona Gnoth, Lehrerin an der Schallenberg-Grundschule in Aidlingen so genannt, entstand meines Wissens an dieser Schule im Sommer 1980 als Folge eines Lehrgangs, bei dem Arno Piechorowski den Lehrerinnen und Lehrern Arbeitsmaterialien für einen vielfältigen Leseunterricht vorstellte. Diese Materialien, teilweise übernommen, meist jedoch selbst gefertigt, wurden den Kindern als Lernstationen im Unterricht zur freien Bearbeitung angeboten (vergleiche hierzu auch: Arno Piechorowski, 1979).

In der Aidlinger Grundschule wurde mit tatkräftiger Unterstützung des Rektors, Hans Mozer, dieses System freien Lernens weiter ausgebaut und verfeinert und im Schuljahr 1981/82 von einer Praktikantin, Frau Sigler, mitgestaltet. Sie stellte später als Lehreranwärterin auch den direkten Kontakt zum Staatlichen Seminar in Sindelfingen her.

Die Übertragung dieser Lernform auf immer neue Unterrichtsinhalte und verschiedene Fächer sowie die Ausdehnung auf fächerübergreifende Angebote wurden federführend von Uta Wallaschek, Fachbereichsleiterin am Seminar Sindelfingen im Anfangsunterricht, vorangetrieben und veröffentlicht. Andere Mitarbeiter, darunter auch ich, machten positive Erfahrungen in Mathematik und den Sachfächern der Grund- und der Hauptschule. Neben der Beschreibung des Zirkeltrainings durch Uta Wallaschek in der Zeitschrift PMP-Grundschule (I/1988) und der Vorstellung des Lernzirkels in der Zeitschrift Grundschule (2/89) erfolgte durch sie in dem Buch „Kinder-Schule, Lehrer-Schule", Hrsg. Bernd Lehmann, 1990, eine breite Darstellung.

Die Idee des *Zirkels* kommt ursprünglich aus dem Sportbereich. Das „circuit training", von Morgan und Adamson 1952 in England entwickelt, stellt im Sportbereich den Sportlern unterschiedliche Übungsstationen zur Verfügung, die sie der Reihe nach oder in freier Auswahl durchlaufen. Dabei dauert die Übungsphase an einer Station in der Regel zwei bis fünf Minuten, dazwischen liegende kurze Pausen dienen dem Wechsel und der Entspannung.

Begriffsklärung

Gabriele Faust-Siehl, zu dieser Zeit ebenfalls Mitarbeiterin am Sindelfinger Seminar, prägte den neuen Begriff *„Lernen an Stationen"* in einem unter diesem Titel erschienenen Aufsatz in Heft 3/1989 der „Grundschule". Auch für mich beschreibt dieser Begriff besser die neue Arbeitsform, die für die Kinder zum Teil auch eine neue Lernform ist. Hier schließe ich mich aus innerer Überzeugung ihrer Begründung an: „Lernzirkel' oder ‚Unterrichtszirkel' führen zu fehlleitenden Assoziationen an das zur sportlichen Leistungssteigerung eingesetzte und durch Rigidität gekennzeichnete Zirkeltraining." (Faust-Siehl, Grundschule, 3/1989)

Ich selbst stelle bei mir in der Umgangssprache eine wechselnde Verwendung der Begriffe fest. Im Zusammenhang mit Üben rede ich häufig vom „Übungszirkel", beim selbstständigen und vertiefenden Erarbeiten von Inhalten vom „Lernen an Stationen" und z. B. beim Aufarbeiten von Buchseiten von einem „Lernzirkel". Sie sehen, die Begrifflichkeit ist nicht so wichtig, viel wichtiger ist, was sich dahinter verbirgt.

Für den Leser ist wichtig, die Bedeutung der von mir verwendeten Begriffe eindeutig zu kennen, um sie im jeweiligen Zusammenhang richtig einzuordnen.

Lernstation ist ein einzelner Arbeitsauftrag, ein einzelnes Arbeitsangebot, das den Kindern im Rahmen des Lernens an Stationen zur Verfügung gestellt wird.

Lernen an Stationen (oder auch Lernzirkel, Stationenlernen, Übungszirkel usw.) beschreibt jeweils das zusammengesetzte Angebot mehrerer Lernstationen, das die Kinder im Rahmen einer übergeordneten Thematik bearbeiten und unter Umständen teilweise selbst mitgestaltet haben.

Grundidee der Arbeitsform

Bei all diesen Arbeitsformen werden den Kindern Arbeitsstationen angeboten, an welchen sie selbstständig, in beliebiger Abfolge, meist auch in frei gewählter Sozialform arbeiten. Diese Arbeitsstationen stehen oder liegen im Klassenzimmer, eventuell auch außerhalb, als Arbeitsanweisungen, Versuchsbeschreibungen, anregendes Material, Kopiervorlagen, Hinweise auf Buchseiten oder Aufgaben im Buch, Spielangebote usw. geordnet aus. Die Kinder wählen in einem von der Lehrkraft zur Verfügung gestellten zeitlichen und organisatorischen Rahmen für sie „passende" und hoffentlich interessante Angebote zur Bearbeitung aus. Die Auswahl des Angebots orientiert sich dabei u. a.

- an den Möglichkeiten der Kinder,
- an den Vorerfahrungen der Kinder,
- an den Möglichkeiten der Lehrerin bzw. des Lehrers,
- an den (materiellen) Möglichkeiten der Schule,
- an den stofflichen Bedingungen,
- an den Notwendigkeiten schwacher Lernleistungen,
- an den Anforderungen lernhungriger und lernfähiger Kinder.

Vereinfacht ausgedrückt: Was den Kindern bisher im Rahmen einer Unterrichtseinheit stückweise nach und nach über Buchaufgaben, Arbeitsblätter oder Anweisung der Lehrerin im Unterricht angeboten bzw. aufgetragen wird, stellt das Lernen an Stationen bereits zu Beginn der Unterrichtseinheit und alles auf einmal zur Verfügung. Gleichzeitig erfolgt die Ausrichtung des Angebots nicht wie in einem lehrerzentrierten Unterricht am Durchschnittsschüler, sondern beachtet stärker die vorhandene Bandbreite der Fähigkeiten und Möglichkeiten der Kinder.

Oberstes Ziel ist, den Kindern ein optimales Lernen zu ermöglichen, indem die Aktivität beim Lernen auch vom Lernenden, also vom Kind, ausgehen soll.

Chancen, Möglichkeiten, Risiken

Folgende Chancen, Möglichkeiten und auch Probleme beinhaltet diese Lernform für die Lehrerin oder den Lehrer:

- Der direkte Handlungsdruck im Unterricht wird abgebaut.
- „Störungen" sind keine Störungen mehr für den Unterricht allgemein, sondern höchstens für die Kinder in unmittelbarer Nähe des „Störers".
- Der Lehrer erhält mehr Möglichkeiten zum distanzierten Beobachten.
- Die individuelle Auseinandersetzung mit einzelnen Kindern oder Gruppen wird stärker gefördert.
- Die Lehrerin hat mehr Gestaltungsmöglichkeiten für produktive Arbeiten der Kinder.
- Die produktiven Arbeiten der Kinder können als Aufträge für neue Lernstationen einbezogen werden.

- Die Kinder können ihre Arbeitsergebnisse in den laufenden eigenen Lernprozess und den anderer Kinder sinnvoll integrieren.
- Die Lehrerin oder der Lehrer haben mehr Möglichkeiten, sich aus dem Mittelpunkt unterrichtlichen Geschehens herauszunehmen.
- Unterschiedliches Arbeitstempo und eine unterschiedliche Art der Bearbeitung werden akzeptiert.
- Die direkte Beanspruchung (Energieaufwand) im Unterricht wird geringer (selbst eine intensive Vorbereitung von Lernstationen erfordert trotz höherem Zeitaufwand weniger Energie als die täglichen Anforderungen in einem eher lehrerzentrierten Unterricht und der Umgang mit auf die ganze Unterrichtsarbeit gerichteten Störungen).
- Gerne können Sie selbst jetzt oder später noch weitere Chancen und Möglichkeiten hier anfügen, zumal das Höchstziel, das eigentliche Ziel, in der Antike schon beschrieben ist: *sich als Lehrenden selbst überflüssig zu machen.*

Selbstverständlich sind auch Risiken oder Schwierigkeiten mit derartigem Lernen verbunden:

- Der Vorbereitungsaufwand wird zunächst als enorm empfunden. Er ist sicherlich am Anfang auch größer, zumindest zeitlich umfangreicher. Allerdings wird der höhere zeitliche Aufwand auch nur subjektiv so empfunden, weil mit der Vorbereitung eines Lernzirkels eine komplette Unterrichtseinheit oder Übungssequenz vorbereitet wird. Im Gegensatz dazu werden sonst häufig nur Einzelstunden für den Folgetag vorbereitet.
- Die direkte und dauernde Überprüfung der Kinder ist nicht möglich.
- Der Überblick über den Leistungsstand der Klasse geht eventuell (zumindest zunächst) verloren.
- Eltern bekommen vorübergehend mit dieser Art schulischer Arbeit Schwierigkeiten.
- Die Leistungsmessung wird schwieriger (zumindest scheinbar).
- Aktivität und Verantwortung müssen abgegeben werden, was manchem sehr schwer fällt.
- Nach längerer Arbeit mit dieser Methode bekommt man als Lehrerin oder Lehrer Schwierigkeiten, einen eher lehrerorientierten Unterricht noch durchsetzen zu können oder zu wollen (zumindest geht es mir so).

▩ Die „Schere" im Leistungsvermögen der Klasse klafft durch der-
   artiges Arbeiten bald noch mehr auseinander.

Aus meiner Sicht wäre diese sich stärker öffnende Schere im Leistungs-
gefüge durchaus gewollt, ja, sie ist sogar unsere Pflicht, wenn wir das
allen Kindern zustehende Grundrecht und die Beschreibungen der
Landesverfassungen und Schulgesetze betrachten. Nach diesen soll
jeder Mensch entsprechend seiner Möglichkeiten, Fähigkeiten und
Leistungen eine optimale Ausbildung erfahren.

3. Voraussetzungen beim Kind

Ein Kind wird durch den Akt der Einschulung erst ein Schüler, bleibt aber ein
Kind (Abb. S. 31 links).

Was sich verändert, sind die Rahmenbedingungen wie z. B. die nun vorgegebene Zeit, in der Lernen stattfinden soll und die ein Kind wahrscheinlich bald
als Einschränkung empfindet. Entscheidend für uns in der Grundschule (wie
auch in weiterführenden Schulen) ist, dass wir die Kinder so annehmen und
akzeptieren, wie sie auf uns zukommen (Abb. S. 31 rechts).

Intellektuelle Voraussetzungen

Jedes Kind hat andere *individuelle intellektuelle Voraussetzungen*. Die „Hardware" ist schon vorhanden, kann höchstens noch erweitert und durch „geeig-
nete Software" besser genutzt werden. Jedes Kind denkt anders, lernt anders,
speichert anders, hat andere Lernmuster.

So wie wir das äußere Aussehen eines Kindes akzeptieren und nicht an
Änderungsprozesse denken, sollten wir auch die „Voraussetzungen des Kop-
fes" akzeptieren und als ebenso einmalig stehen lassen. Lassen wir doch den
„Kopf" und das Denken jedes einzelnen Kindes auch als einmalig stehen, wie
wir es für uns selbst in allen Bereichen auch in Anspruch nehmen.

Individuelle Neigungen

Damit verknüpft sind auch die individuellen Möglichkeiten, Dinge zu bearbeiten, Probleme gedanklich zu durchdringen und mechanische Arbeiten durchzuführen. Jedes Kind hat seine individuellen Neigungen und Interessen, die
sich unter Umständen nicht mit den von uns momentan gewünschten decken.

Die Kinder bringen mit: **Sie sollten erfahren:**

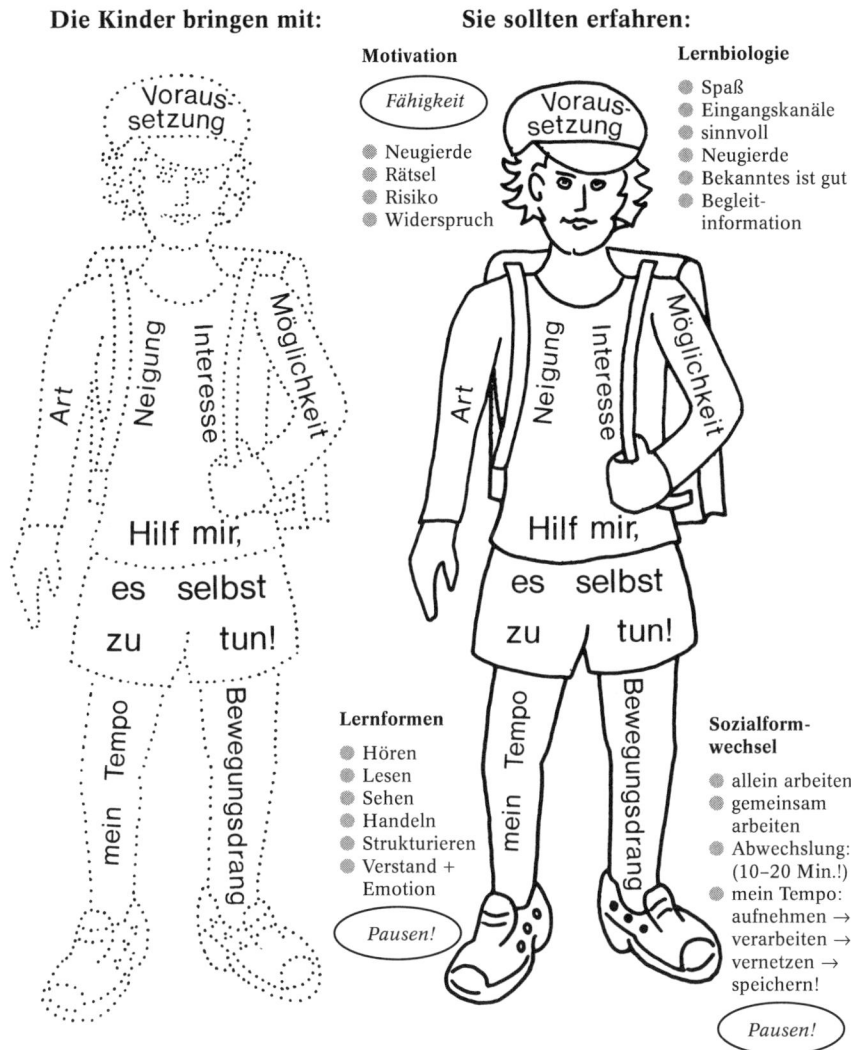

Motivation

Lernbiologie

Fähigkeit

- Neugierde
- Rätsel
- Risiko
- Widerspruch

- Spaß
- Eingangskanäle
- sinnvoll
- Neugierde
- Bekanntes ist gut
- Begleit-
  information

Lernformen

- Hören
- Lesen
- Sehen
- Handeln
- Strukturieren
- Verstand +
  Emotion

Pausen!

Sozialform-
wechsel

- allein arbeiten
- gemeinsam
  arbeiten
- Abwechslung:
  (10–20 Min.!)
- mein Tempo:
  aufnehmen →
  verarbeiten →
  vernetzen →
  speichern!

Pausen!

Eines können wir jedoch als fast sicher annehmen: Nur krankhaft veranlagte Kinder haben keine Interessen, entwickeln keine Neugierde und möchten nicht möglichst immer ihr Bestes geben. Wenn sich ihr Bestes nicht mit unseren Vorstellungen deckt, liegt dies nicht nur am Willen der Kinder, sondern manchmal vielleicht auch an unseren Anforderungen, die die Leistungsfähigkeit einzelner Kinder wahrscheinlich öfters überfordern. In anderen Worten: Wir müssen nicht versuchen, ein Kind verändern zu wollen, es genügt häufig schon, den Blick auf das Kind zu verändern! Gleichzeitig gilt dann auch, dass ein Kind Lob nicht nur für ein erreichtes Ergebnis verdient hat, sondern schon die Anstrengung Lob und Anerkennung verdient.

Arbeits- und Lerntempo

In der täglichen Arbeit können wir permanent feststellen, dass sich in einer Grundschulklasse mindestens drei Entwicklungsjahrgänge befinden und das durchschnittliche Arbeitstempo einzelner Kinder im Verhältnis eins zu sechs stehen kann. Das heißt, das langsamste Kind benötigt für die Erledigung einer bestimmten Aufgabe bis zum Sechsfachen der Zeit, die das schnellste Kind dafür benötigt. Diese Beobachtung wurde in den letzten Jahren durch viele Untersuchungen bestätigt.

Daraus folgt, dass die Ausrichtung am Durchschnittstempo und an den Durchschnittsanforderungen in einer Klasse nur den Durchschnittsschüler optimal bedient. Mathematisch gesehen sind dabei die Hälfte der Kinder, minus einem Kind, immer überfordert, die gleiche Anzahl Kinder auf der anderen Seite des Durchschnitts ist immer unterfordert. Daraus ableitend sind individuelle Angebote zwingend notwendig.

Bewegungsdrang und Konzentrationsmöglichkeit

Kinder haben einen natürlichen Bewegungsdrang. Dieser deckt sich nicht mit dem üblichen 45-Minuten-Rhythmus normaler Schulstunden.

Zehn bis fünfzehn Minuten konzentrierter Arbeit beschreiben die übliche Grenze der kindlichen Leistungsfähigkeit und sind für ein Kind der Grundschule durchaus normal. Eine kurze Pause, eventuell kurz aufstehen und sich für etwas Neues entscheiden, lässt für Kinder eine neue produktive Arbeitsphase mit etwa der gleichen Dauer beginnen und baut den angestauten Bewegungsdrang sinnvoll ab.

Auch Erwachsene kommen übrigens nach 45 bis 50 Minuten an diese Leistungsgrenze. Wahrscheinlich haben Sie dieses Phänomen an sich auch schon entdeckt, bei Vorträgen, im Theater, im Kino usw.: Durch eine kurze Zeit mangelnder Aufmerksamkeit „verpassen" wir etwas und holen uns damit indirekt unsere „Erholungspause" vor der nächsten Konzentrationsphase.

Im „normalen" Unterricht tauchen diese „Erholungspausen" selbstverständlich nicht zur gleichen Zeit auf, wir erkennen sie höchstens an der Unaufmerksamkeit einzelner Kinder oder an der allgemeinen Unruhe in der Klasse, die nach einiger Zeit konzentrierter Arbeit entsteht. Manchmal nehmen wir es vielleicht auch als Störungen auf. Störungen als Botschaften für den Lehrer, die unter Umständen verkünden, dass die Grenze der Leistungsfähigkeit erreicht oder überschritten ist, oder dass sich der Bewegungsdrang steigert. Die erwähnten und notwendigen Erholungspausen betreffen dabei nicht nur die geistige Aufmerksamkeit, sondern genauso die körperliche Befindlichkeit und die Befriedigung des Bewegungsdrangs der Kinder.

Hinter diesen Störungen stecken oft deutliche Botschaften der Kinder. Manche von ihnen sind in einem lesenswerten Aufsatz von Gottfried Bräuer, 1993 dargestellt.

Berücksichtigung der Lernbiologie

Nach Frederic Vester bedingen unsere biologischen Voraussetzungen (unsere „Hardware") unterschiedliches und individuelles Lernen. So funktionieren die Verbindungen im Gehirn bei Spaß und Freude besonders gut, Stress bewirkt das Gegenteil. Neugierde, es ist kaum der Erwähnung wert, weil so selbstverständlich, fördert Denken, Lernen und Behalten. Wir beschäftigen uns gerne mit den Dingen, die vom Gehirn als interessant und „sinnvoll" erkannt werden, und unser Gehirn wird aufnahmefähiger. Frederic Vester kann als ein „Vater der Lernbiologie" angesehen werden.

Bevor ich näher darauf eingehe, liste ich einige Aussagen auf, warum die Lernbiologie so wichtig ist und welche Aufgaben sie erfüllt:

- Sie lässt uns das eigene Lernverhalten verstehen und führt zum Sinn des Lebens.
- Aus der Lernbiologie lassen sich Lerntechniken ableiten, die das Lernen einfacher und effizienter machen.
- Die Lernbiologie zeigt auf, dass oft falsches menschliches Verhalten für den ausbleibenden Lernerfolg verantwortlich ist.
- Die Lernbiologie ist die Grundlage für die Steigerung der Lernmotivation, Lernkapazität und der Lernkompetenz.

Vester unterscheidet vier, andere Autoren sicherlich zu Recht noch mehr Lerntypen nach den Eingangskanälen, über die wir Wissen und Erfahrungen aufnehmen:

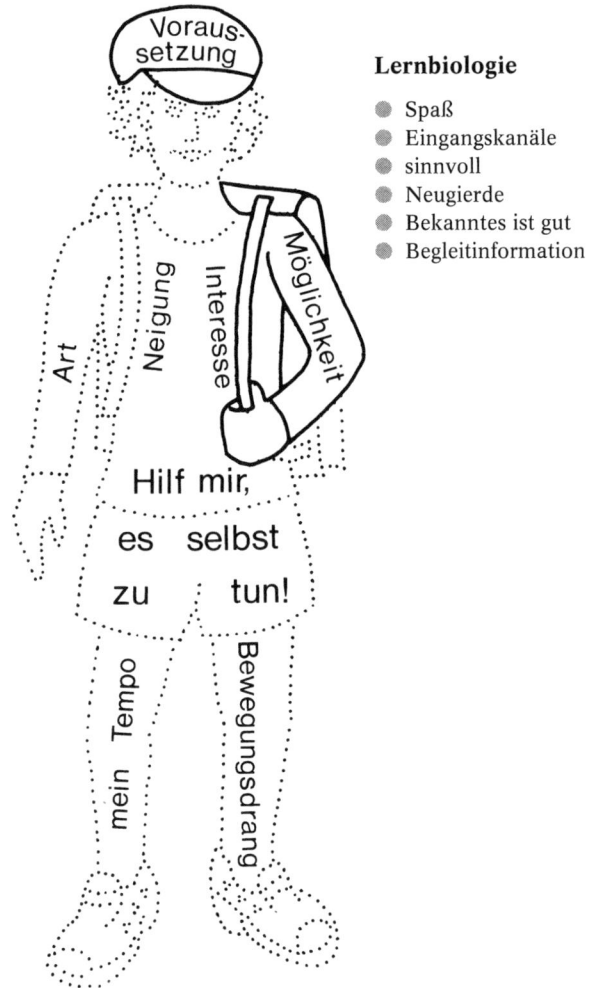

Lernbiologie

- Spaß
- Eingangskanäle
- sinnvoll
- Neugierde
- Bekanntes ist gut
- Begleitinformation

■ der *visuelle* Typ, der überwiegend über das Auge aufnimmt,
■ der *akustische* oder auditive Lerntyp, der über Hören und Sprechen zu
  guten Gedächtnis- und Denkleistungen kommt,
■ der *haptische* Lerntyp, der durch Anfassen, Fühlen oder durch praktisches
  Tun Erkenntnisse und Erfahrungen gut verarbeitet und abspeichert,

▓ der *intellektuelle* Lerntyp. Er stellt sich immer neue Fragen und versucht diese durch Denkleistung und Verknüpfung von bisherigem Wissen zu beantworten. Ihm genügt häufig eine Regel, eine Formel o. Ä., um sich Sachverhalte und Erkenntnisse zu erschließen.

Den Kindern können solche Schwerpunktsetzungen bei Aufgabenstellungen durch Symbole verdeutlicht werden:

▓ ein stilisiertes Auge für den visuellen Typ,
▓ ein Ohr/Mund für den auditiven Lerntyp,
▓ eine Hand für den haptischen und
▓ ein Fragezeichen für den intellektuellen Lerntyp.
(Das Fragezeichen heißt dabei: Sich selbst Fragen stellen und beantworten und sich dadurch weiterbringen.)

Immer häufiger rücken in letzter Zeit „Schmecken" und „Riechen" (gustatorische und olfaktorische, geschmacks- und geruchsorientierte Lernmuster) als weitere sehr ernst zu nehmende Eingangskanäle und Assoziationsmuster in den Blickpunkt der Lernbiologie: Ein bestimmter Geschmack, ein bestimmter Geruch lässt sofort die Erinnerung an Gegebenheiten oder Erfahrungen aufkommen und unterstreicht damit die Annahme, dass diese Eingangskanäle oder Lernmuster existieren, durch unsere eigene Erfahrung.

Erfreulicherweise gibt es kaum idealtypische Ausprägungen, sondern meist Mischformen mit schwerpunktmäßiger Veranlagung, also z. B. den audio-visuellen Typ, der durch Sehen und Hören lernt.

Nach der Darstellung der Lerntypen sollen noch einige weitere der von Vester aufgestellten Regeln aus der Lernbiologie genannt werden:

▓ Der Lernende soll die Lernziele kennen.
▓ Das Wissen über die Nutzanwendung erhöht die Verankerung im Gehirn.
▓ Neugierde kompensiert „Fremdeln", d. h., neue Angebote sollen Neugierde wecken und nicht durch zu hohe Anforderungen eher abschrecken.
▓ Neues alt verpacken, d. h., neue Inhalte sollen in bekannten Lern- oder Darstellungsformen angeboten werden oder neue Lern- oder Darstellungsformen mit alten Inhalten verknüpft erfahren werden.
▓ Das Skelett (die dazugehörende Grundstruktur) verdient vor dem Detail Beachtung.
▓ Erfolgserlebnisse sorgen für eine positive Hormonlage. Sie lassen mit positiven Erlebnissen verknüpfte Informationen besonders gut verarbeiten.

Entscheidend und zusammenfassend sind bezüglich der Eingangskanäle folgende Gesetze heute unumstritten:

■ Die Beteiligung von möglichst vielen Sinnesorganen und damit Eingangskanälen beeinflusst Lernvorgänge positiv.

■ Ein Wechsel der Eingangskanäle ist trotz der individuell beliebtesten
Lernart für den Lernprozess von Vorteil.

■ Individuelle Lerngewohnheiten können unter pädagogischer Anleitung
weiterentwickelt und verändert werden, indem z. B. andere Eingangskanäle stärker beachtet werden.

■ Die direkte Auseinandersetzung mit dem Lerngegenstand, der Materie, ist
durch keine Technik zu ersetzen. Der handelnde Umgang z. B. im forschen-
den Unterricht bleibt trotz der besten Möglichkeit, sich das Fachwissen
gedanklich anzueigenen, unabdingbar notwendig.

Es ist Ihnen wahrscheinlich aufgefallen, dass ich den Schüler in der Abbildung
zunächst auf der linken Seite vervollständigt habe. Damit wollte ich auf die
linke Gehirnhälfte hinweisen, die im Regelfall kognitives Wissen verarbeitet.
Die rechte Gehirnhälfte ist eher die musisch ausgerichtete Gehirnhälfte und
gleichzeitig für Gefühle, auch für die Motivation, zuständig. Indem ich beide
beschäftige, erreiche ich eine optimale Ausnutzung und Leistungsfähigkeit.
Eine kurze und zusammenfassende Darstellung der Schwerpunktsetzungen
im menschlichen Gehirn unter Beachtung der Hemisphärenspezialisierung ist
bei Barbara Meister Vitale, 1993, zu finden. Gleichzeitig werden von dieser
Autorin Erkennungsmuster für entsprechende Dominanzen und ganz praktische Hilfen für die Verbesserung des Lernens angeboten.

Motivation

Voraussetzung für Motivation ist die Einsicht im Zusammenhang mit der
Fähigkeit, die gestellte Aufgabe erledigen zu können. In anderen Worten:
Wenn jemand sich nicht in der Lage fühlt, die von ihm erwartete Leistung auch
zu erbringen, kann er keine Motivation aufbauen. Schon alleine diese Erkenntnis verlangt in der Schule unterschiedliche Angebote, damit – hoffentlich –
jedes Kind den Ausgangszustand der „Fähigkeitserkenntnis" erreichen kann.

Dieses Phänomen kann man im Unterricht oft und leicht beobachten: Ein auf
den Durchschnitt der Klasse ausgerichteter Unterricht lässt bei etwa der Hälfte
eine gute Motivation bei neu gestellten Aufgaben erkennen. Diese Kinder
fühlen sich „fähig", die gewünschte Arbeit zu leisten, und nehmen dann bereits
die in der Aufgabe steckende Motivation an. Je nachdem, ob dies nun die
Neugierde ist, die zur Bearbeitung drängt, ein festgestellter Widerspruch, ein
zu lösendes Rätsel oder einfach das Risiko, sonst nicht anerkannt zu werden,
wird dann noch die intrinsische (von innen kommende) und die extrinsische
(von außen beeinflusste) Motivation unterschieden. Sicher ist, dass intrinsi-

Motivation

Fähigkeit

- Neugierde
- Rätsel
- Risiko
- Widerspruch

Lernbiologie

- Spaß
- Eingangskanäle
- sinnvoll
- Neugierde
- Bekanntes ist gut
- Begleitinformation

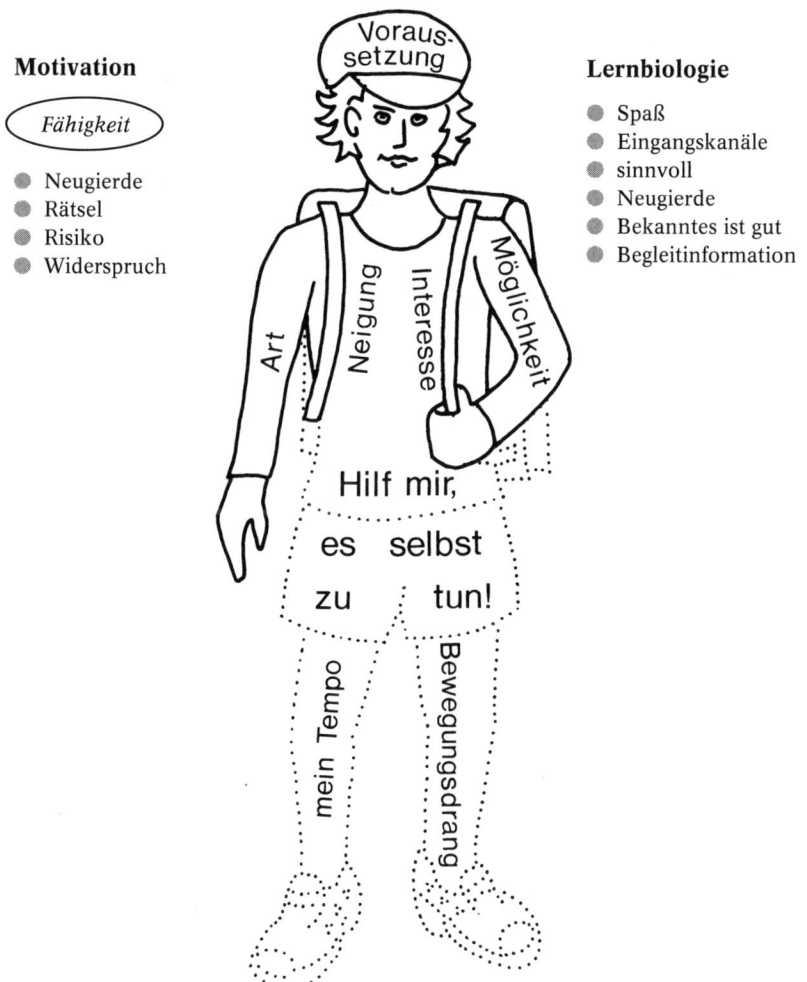

sche Motivation die größere ist und dass sie vor allem dauerhafter und tragfähiger ist.

Die andere Hälfte der Kinder ist eher desinteressiert, zeigt keine oder nur geringe Motivation. Vermutlich sehen sich diese Kinder mit einer Aufgabenstellung konfrontiert, der sie sich nicht gewachsen fühlen. Sie haben keine „Fähigkeitserkenntnis" und bauen damit auch keine Motivation auf.

Aus all den bisher gemachten Aussagen lassen sich die Lernformen ableiten, die notwendig sind, um auf sicheren Beinen zu stehen.

Lernformen

Unterschiedliche *Lernformen* berücksichtigen die Vorgaben der Lernbiologie und sind daher in Kurzform beschrieben:

- Angebote zum Hören, Lesen, Sehen, Beobachten, Handeln und Begreifen machen.
- Angebote, in denen Inhalte strukturiert werden, müssen ebenfalls als Lernform berücksichtigt und akzeptiert werden. Lassen Sie nicht immer nur Inhalte ergebnisorientiert bearbeiten.
- Verstand und Emotion beim Lernen beteiligen.
- Pausen als einen Teil des Lernens und damit auch als Lernform anerkennen.

Sozialformen

Denselben Einfluss auf das Lernen haben auch die *Sozialformen,* die situationsbedingt gewechselt werden sollen.

Der Mensch ist beides, ein Einzelwesen und ein Gemeinwesen. Das heißt, dass ihm beide Sozialformen entsprechen und es notwendig ist, alleine zu arbeiten und gemeinsam zu arbeiten. Der Respekt vor dem einzelnen Kind sollte uns daran hindern, die Sozialform immer festzulegen bzw. zu bestimmen. Hier ab und zu mehr Offenheit anzubieten und den Kindern die Entscheidung zu überlassen kommt diesem Urbedürfnis entgegen. Vielleicht sind hier die üblichen zehn bis zwanzig Minuten für eine Sozialform eine Richtschnur und vielleicht hatten „unsere" Schulräte bei Unterrichtsbesuchen gar nicht so Unrecht, wenn für sie der Sozialformwechsel eine so zentrale Bedeutung hatte. Heute, so denke ich, müssen wir dies nicht mehr immer von außen bestimmen. Bei entsprechender Offenheit finden Kinder selbst ihren Rhythmus. Nur bei extremen Beobachtungen, z. B. wenn Kinder laufend wechseln, nur alleine arbeiten, immer nur einen Partner oder eine Gruppe suchen, der sie sich anhängen oder die sie führen, dann sollten wir behutsam eingreifen.

Ich selbst habe auch 40 Lebensjahre benötigt, um bei einer angeordneten Gruppenarbeit zuerst mein Recht auf alleinige Auseinandersetzung bzw. Ein-

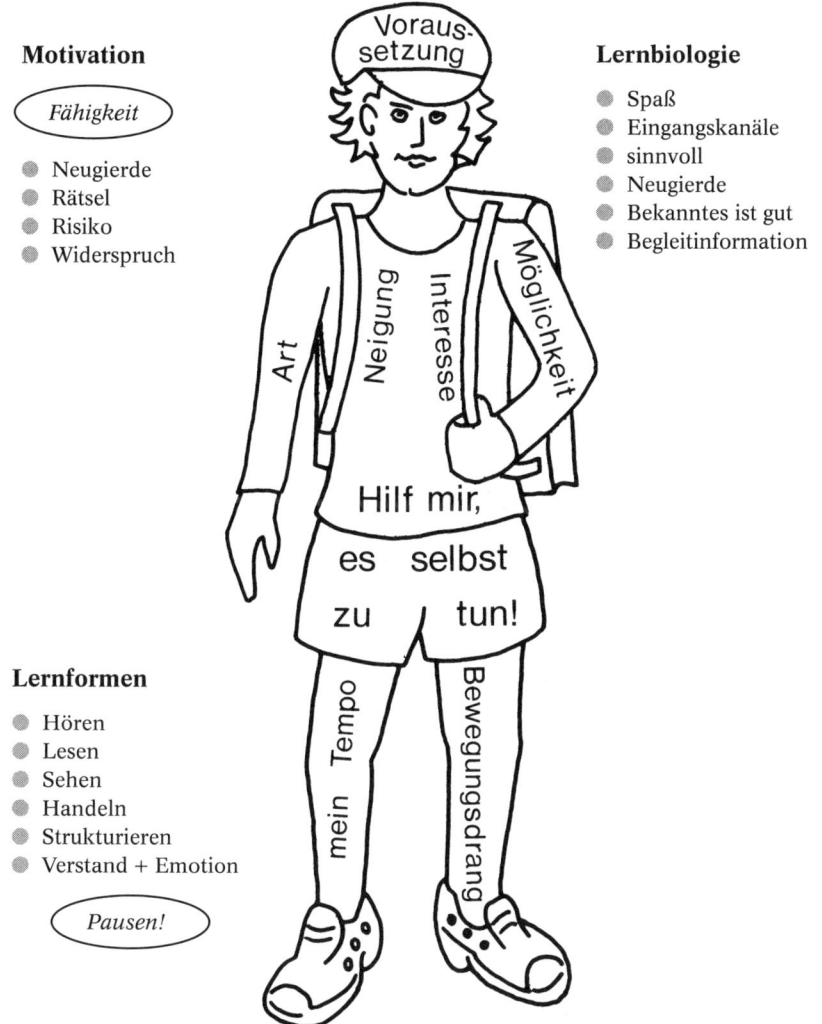

Motivation

(*Fähigkeit*)

- Neugierde
- Rätsel
- Risiko
- Widerspruch

Lernbiologie

- Spaß
- Eingangskanäle
- sinnvoll
- Neugierde
- Bekanntes ist gut
- Begleitinformation

Lernformen

- Hören
- Lesen
- Sehen
- Handeln
- Strukturieren
- Verstand + Emotion

(*Pausen!*)

(Figur-Beschriftungen: Voraussetzung, Art, Neigung, Interesse, Möglichkeit, Hilf mir, es selbst zu tun!, mein Tempo, Bewegungsdrang)

arbeitung in die Problematik zu reklamieren. Wenn ich mir selbst erst einen Überblick verschaffen kann, mich sicherer fühle, dann bringe ich mich gerne in die Gruppe ein.

Unterschiedliche Sozialformen lassen Phasen des Aufnehmens, Verarbeitens, Vernetzens und des Speicherns geschickt verwirklichen und zum Teil auch innerhalb einer Gruppenarbeit ideal aufteilen.

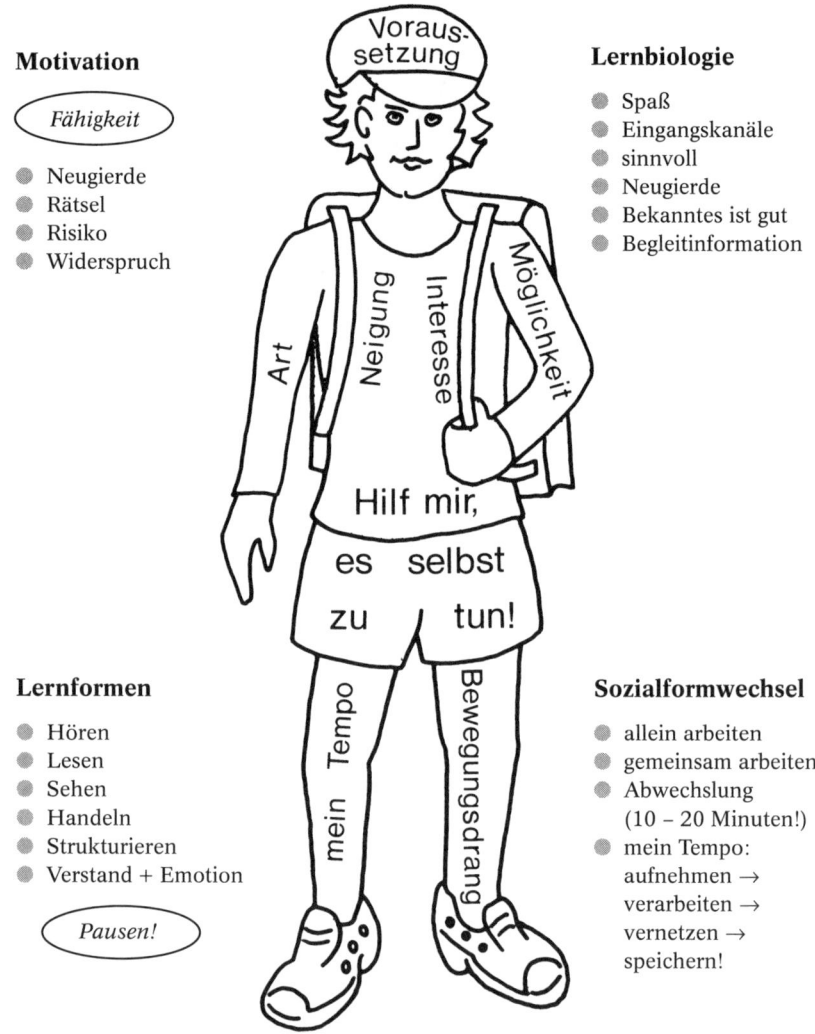

Motivation

(*Fähigkeit*)

- Neugierde
- Rätsel
- Risiko
- Widerspruch

Lernbiologie

- Spaß
- Eingangskanäle
- sinnvoll
- Neugierde
- Bekanntes ist gut
- Begleitinformation

Lernformen

- Hören
- Lesen
- Sehen
- Handeln
- Strukturieren
- Verstand + Emotion

(*Pausen!*)

Sozialformwechsel

- allein arbeiten
- gemeinsam arbeiten
- Abwechslung
  (10 – 20 Minuten!)
- mein Tempo:
  aufnehmen →
  verarbeiten →
  vernetzen →
  speichern!

Nimm mich, wie ich bin!

Wichtige Voraussetzung für das Lernen, für eine Anerkennung und Wertschätzung des Lernenden ist die von Maria Montessori formulierte Grundmaxime *„Hilf mir, es selbst zu tun"* und die Akzeptanz der Aussage des Kindes: *„Nimm mich, wie ich bin!"*

4. Folgerungen für das Lernen an Stationen

„Das alles soll ich in meinem Unterricht leisten?" könnten Sie verständlicherweise fragen. „Kann man mit dieser Arbeitsform einige der Anforderungen auffangen?"

Ich meine ja, und möchte dies als Übersicht darstellen. In der folgenden Auflistung finden Sie neben der Beschreibung von Anforderungen und Möglichkeiten jeweils die Verweise auf inhaltliche Ausführungen dieses Buches.

■ Die Einbeziehung der Kinder in die Planung von Unterricht ist über ein Planungsgespräch möglich, das einer Einheit vorausgeht.
→ *Planungsgespräch, Möglichkeiten und Folgen (S. 73)*

■ Fragestellungen können bei den Kindern über das Planungsgespräch angeregt werden. Wenn sich während der Arbeit an einem Thema neue Fragestellungen ergeben, können Kinder diese an einer speziellen Lernstation aufschreiben und damit an die Klasse weitergeben.
→ *Erstellung weiterer Lern- oder Arbeitsstationen (S. 75)*

■ Offene Eingangssituationen und die Offenheit während der Bearbeitung ermöglichen den Kindern und Lehrkräften gemeinsam, weitere Zugänge zu den jeweiligen Inhalten aufzuspüren, festzulegen und zu beschreiten. Kinder und Lehrkräfte können während der Arbeit an Stationen weitere Lernstationen ausarbeiten und einfügen.
→ *Erstellen weiterer Lern- und Arbeitsstationen (S. 75)*
→ *offene Aufgabenstellungen (S. 75)*

■ Angebote für verschiedene Eingangskanäle (zum Sehen, Hören, Lesen, Beobachten, Handeln und Begreifen) ermöglichen eine individuelle und optimierte Bearbeitung und ein ebensolches Lernen.
→ *Schwerpunkte bei der Gestaltung von Lernstationen (S. 85)*
→ *Berücksichtigung der Lerneingangskanäle (S. 85)*
→ *Besondere Ansprüche an Stationen, die Übungszwecken dienen (S. 109)*

▨ Den Kindern wird beim individuellen Bearbeiten ihrem eigenen Arbeitstempo Rechnung getragen.

→ *Anzahl der zur Verfügung stehenden Lernstationen (S. 53)*
→ *Berücksichtigung des unterschiedlichen Arbeitstempos (S. 87)*
→ *Arbeitsweisen der Kinder (S. 51)*
→ *Unterschiedliche Zugänge anregen (S. 77)*
→ *Qualitative Differenzierung berücksichtigen (S. 77)*

▨ Dem natürlichen Bewegungsdrang wird diese Arbeitsform schon dadurch gerecht, dass die Kinder ihre Arbeitsaufträge im Klassenzimmer selbst auswählen, eventuell abholen und anschließend wieder zurückbringen.

→ *Bereitstellung der Arbeitsaufträge (S. 46)*

▨ Erholungspausen sind sowohl durch den Wechsel zwischen den einzelnen Stationen gegeben als auch eventuell durch sogenannte „Entspannungsstationen", die als fester Bestandteil innerhalb der Arbeit eingebaut und damit legitimiert sind.

→ *Material zu Entspannung (S. 104)*

▨ Durch das Angebot der ganzen Lerneinheit erhält das Kind einen Gesamtüberblick über das entsprechende Stoffgebiet bzw. das Rahmenthema.

→ *Laufzettel/Fortschrittsliste (S. 54)*
→ *Ordnungskriterien (S. 50)*

▨ Über eine farbliche Gestaltung oder Kennzeichnung einzelner Teile eines Lernzirkels kann ebenso die Grundstruktur des Inhalts vermittelt werden wie über die Verwendung von entsprechenden Überschriften. Dadurch wird den Kindern bereits über die Darstellung des Angebots auch die Struktur des Lerngegenstandes verdeutlicht. Die von der Lernbiologie geforderte Strukturierung vor dem Detail wird hier erfüllt.

→ *Hinweisschilder (S. 48)*
→ *Ordnungskriterien (S. 50)*
→ *Laufzettel/Fortschrittsliste (S. 54)*

▨ Durch das Bereitstellen der Angebote bereits vor Beginn der Bearbeitung und die kontinuierliche Beobachtungsmöglichkeit innerhalb des Bearbeitungszeitraums wird das Entwickeln von Interesse gefördert, Neugierde geweckt und befriedigt sowie „Fremdeln" kompensiert.

→ *Die „Einführung" (S. 67)*
→ *Bereitstellung der Arbeitsaufträge (S. 46)*

▨ Unterschiedliche Schwierigkeitsgrade und Anforderungen ermöglichen Erfolgserlebnisse für (fast) alle Kinder.
→ *Schwerpunkte beim Lernen an Stationen (S. 85)*
→ *Ansprüche an die Gestaltung von Arbeitsaufträgen (S. 74)*

▨ Das Strukturieren von Inhalten kann auch darüber erfolgen, dass die Kinder ihre Ergebnisse selbst in eine Struktur bringen, Ergebnisse selbst gestalten usw.
→ *Qualitative Differenzierung ermöglichen (S. 77)*
→ *Vertiefendes Erarbeiten und selbstständiges Bearbeiten (S. 82)*

▨ Ein Sozialformwechsel bzw. die von einem Kind selbst zu wählende Sozialform ist durch das Stationenlernen an sich schon gegeben. Zu ein und demselben Lerninhalt können entweder Angebote für unterschiedliche Sozialformen bereitgestellt werden, oder aber die Kinder legen dies für sich selbst bei der Bearbeitung einzelner Stationen fest.
→ *Arbeitsweisen der Kinder (S. 51)*
→ *Besondere Ansprüche an Stationen, die Übungszwecken dienen (S. 109)*
→ *Qualitätskriterien für das Lernen an Stationen (S. 126)*

▨ Der Grundansatz: „Hilf mir, es selbst zu tun" ist damit Leitfaden schlechthin. Allerdings trifft dies nur dann in vollem Umfang zu, wenn bei den einzelnen Lernstationen nicht nur Aufgabenstellungen und Arbeitsaufträge vorgegeben, sondern jeweils auch Hilfen zur Selbsthilfe angeboten werden.
→ *Hilfen anbieten (S. 78)*

▨ Der Einsatz von Spielen innerhalb des schulischen Lernens ist beim Stationenlernen leichter möglich. Spiele, die eventuell nur einmal vorhanden sind, bieten als ein Angebot im Laufe der Zeit Zugang für alle. Durch die längerfristige Anlage von Lernzirkeln oder dem Lernen an Stationen können auch Spiele eingesetzt werden, die über eine längere Dauer gespielt werden.
→ *Gestaltung von Lernstationen (S. 74)*
→ *Anforderungen an das Material (S. 95)*
→ *Ansprüche an die Gestaltung von Arbeitsaufträgen (S. 80)*
→ *Schwerpunkte beim Lernen an Stationen (S. 85)*
→ *Grundlagen für die Gestaltung von Arbeitsstationen (S. 89)*

■ Auch bei mangelnden Materialvoraussetzungen an den Schulen können Kinder im handelnden Umgang mit Dingen ihre praktischen Erfahrungen machen. Fast alle Materialien, die für eine Demonstration im Unterricht vorhanden sind, können für die Gestaltung einer Lernstation verwendet werden. Das heißt, ich benötige Materialien nicht mehr für jedes Kind, für jede einzelne Lerngruppe, sondern eben einmal. Durch die längerfristige Bereitstellung wird allen Kindern oder Gruppen im Laufe der Zeit eine Bearbeitung ermöglicht.

→ *Ansprüche an die Gestaltung von Arbeitsaufträgen (S. 74)*
→ *Anzahl der zur Verfügung stehenden Stationen (S. 53)*

■ Die Überprüfung von Lernergebnissen sollte möglichst über Selbstkontrolle erfolgen.

→ *Ansprüche an die Gestaltung von Arbeitsstationen (S. 74)*

■ Emotionale Zuwendung, Zeit für Gespräche, Mitarbeit bei einzelnen Kindern oder Gruppen, Beobachtungen, das Entdecken von fruchtbaren Momenten im individuellen Lernprozess – dies umschreibt ganz grob die Wünsche und Möglichkeiten der Lehrerin und des Lehrers beim Stationenlernen.

→ *Veränderte Rolle der Lehrerin und des Lehrers in einem schülerorientierten Unterricht (S. 132)*

II. Das Lernen an Stationen

Übersicht über Zusammenhänge

Die folgende Übersicht verdeutlicht die Zusammenhänge, die sich mit dem Lernen an Stationen, dem Lernzirkel ergeben.

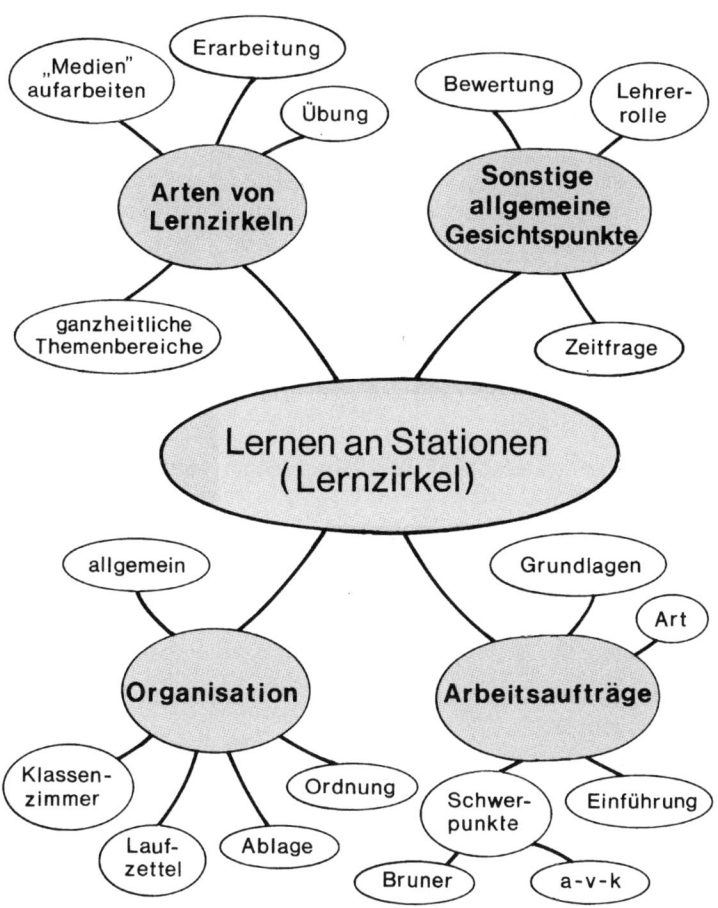

5. Äußere und innere Organisation

Aus der Grundbeschreibung des Lernens an Stationen ergeben sich die Schlussfolgerungen für die Organisation: *Beim Lernen an Stationen sind einzelne Arbeitsstationen im Klassenzimmer und eventuell im Außenbereich bereitgestellt, die Arbeitsaufträge oder Arbeitsblätter zur selbstständigen Bearbeitung durch die Kinder bereithalten.*

Obwohl die Inhalte innerhalb dieses Kapitels teilweise schwer voneinander zu trennen sind und sich sicher auch deutlich überlappen, wird versucht, die organisatorischen Hinweise inhaltlich zu gliedern.

Klassenzimmer gestalten

Das Klassenzimmer muss für diese Arbeits- und Organisationsform nicht unbedingt umgestellt werden. Es kann den Kindern überlassen werden, ob sie z. B. an einer Tischgruppe zusammenarbeiten oder sich die Arbeit separat an einem Einzeltisch in Ruhe gestalten wollen. Die entsprechenden Voraussetzungen können sich die Kinder durch individuelles Umstellen selbst schaffen.

Arbeitsaufträge bereitstellen

Die Arbeitsaufträge werden im Klassenzimmer in Form schriftlicher Arbeitsanweisungen, als Skizzen mit Aufforderungscharakter, als Arbeitsblätter, als Hinweise auf Buchseiten oder durch Versuchsaufbauten bzw. sonstiges Material zur Verfügung gestellt.

In Prospekthüllen gesteckt sind die Seiten länger haltbar und können gut aufgehängt werden.

Stapelbare Ablagekörbe eignen sich sehr gut für die Bereitstellung der Aufträge und eventuell notwendiger Materialien, sie sind in Haushaltswarengeschäften preiswert zu haben.

Zur Bereitstellung des Materials eignen sich außerdem:

- *Pinnwände,* zum Aufhängen von Prospekthüllen, in denen sich Arbeitsaufträge befinden;
- *Nagellatten,* z. B. gehobelte Dachlatten mit Nägeln oder Haken im Abstand von circa 15 bis 20 cm, sie werden an die Wand gedübelt und eignen sich ebenfalls zum Aufhängen von Prospekthüllen;
- die *Fensterbank,* zum Ablegen von Materialien, Ablagekörben oder Arbeitsaufträgen;

▨ *Flächen* unter der *Tafel,* an der *Seitentafel,* an *Wänden* oder auf *Schrank-
türen* sowie an den *Fenstern* zum Aufhängen von Plakaten oder Arbeitsaufträgen, die nicht an den Arbeitsplatz mitgenommen werden müssen
oder an die Arbeitsergebnisse angeheftet werden sollen;

▨ *Stühle,* überzählige Stühle, sind hervorragende Bereitstellungsflächen für
Arbeitsaufträge, Arbeitsblätter, Bücher oder auch einfache Materialien, für
die nicht unbedingt ein Tisch oder eine sonstige große Fläche erforderlich ist.

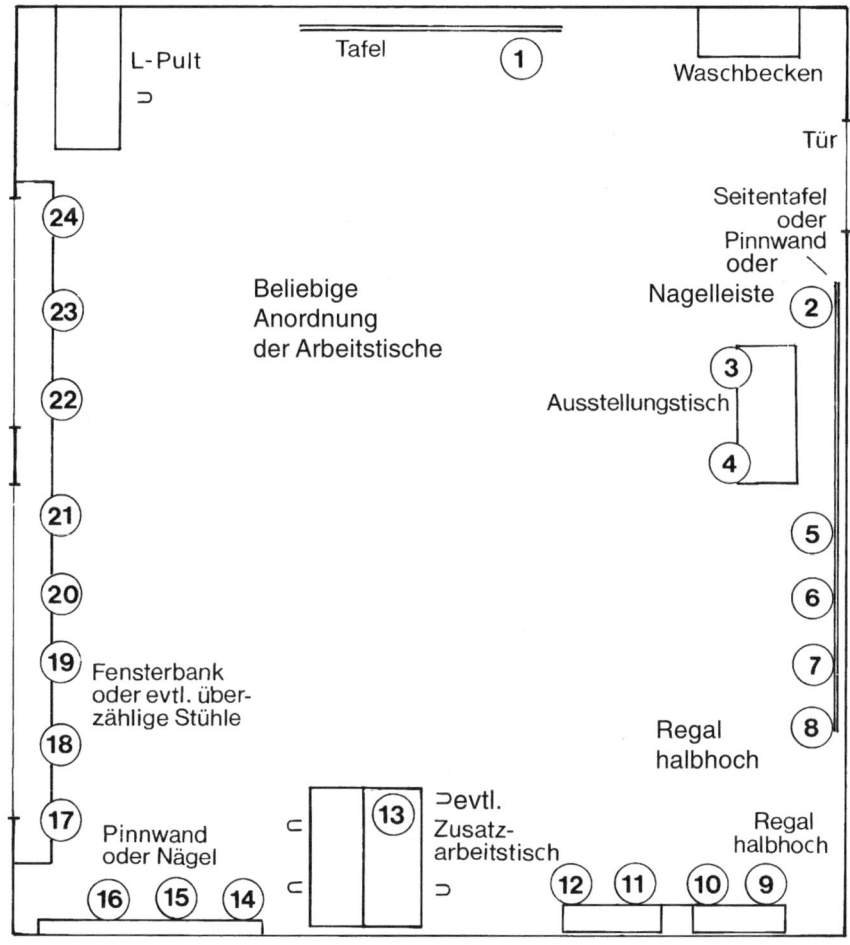

Gleichzeitig besteht die Möglichkeit, an der Rückenlehne des Stuhls Hinweis- oder Stationsschilder zu befestigen.

Die Skizze eines Klassenzimmers (s. S. 47) soll die Möglichkeiten der Stationenverteilung nochmals optisch verdeutlichen, die Nummern kennzeichnen dabei die einzelnen Stationen.

Hinweisschilder

Für die Kinder ist es wegen der Übersichtlichkeit sinnvoll, wenn sie die Hinweisschilder zu den Stationen oder die Stationen selbst von ihrem Arbeitsplatz aus erkennen können. Diese Hinweisschilder können große Ziffernkarten oder aus der Ferne lesbare Überschriften sein.

Auf diese Weise werden die Struktur der Inhalte und die Gestaltung des jeweiligen Lernzirkels aus der Ferne schon erkennbar. Gleichzeitig unterstützt diese offensive Darbietung der einzelnen Stationen den Überblick für die Kinder sowie einen „Kontrollgang" durch Kinder und Lehrerinnen und Lehrer.

Schülertische einbeziehen

Meines Erachtens sollten die Schülertische für die Bereitstellung der einzelnen Stationen nicht einbezogen werden, da dies eine längerfristige Bereitstellung behindert oder täglichen Auf- und Abbau erfordert. Die Beeinträchtigung durch sonstige Materialien auf dem Tisch ist ebenfalls ein ernst zu nehmender Einwand, der gegen die Bereitstellung auf Schülertischen spricht und bei „festen" Stationsplätzen kein Problem ist.

Für das Kind soll zunächst auf jeden Fall sein Arbeitsplatz bestehen bleiben. Der eigene Platz ist für ein Kind die „Heimat" im Klassenzimmer, die es gerne freiwillig verlassen kann, aber nicht soll oder gar muss. (Wie wichtig den Menschen eine derartige Heimat ist, lässt sich z. B. an den „Stammplätzen" im Lehrerzimmer beobachten.)

Bei Gruppenarbeit entstehen beispielsweise manchmal ernst zu nehmende Störungen, wenn vom fremden Platz aus noch Materialien aus der eigenen Tasche oder vom eigenen Tisch geholt werden müssen. Diese Störungen sind beim Lernen an Stationen durch das „Wandern" der Schüler von Station zu Station verstärkt zu beobachten.

Jedenfalls hat sich bei mir aus diesen Gesichtspunkten und der praktischen Erfahrung heraus die Erkenntnis durchgesetzt, dass es nicht sinnvoll ist, Arbeitsaufträge auf den Schülertischen aufzubauen. Bei eingeschränkten Platzverhältnissen im Klassenzimmer und bei absoluter Notwendigkeit des Materialaufbaus an einem Gruppentisch mag sich eine andere Sachlage ergeben. Doch auch dann zeigt sich rasch ein weiterer Nachteil, der im täglich notwendigen Aufbau liegt: Für die Lehrerin, den Lehrer fehlt häufig die erforderliche Zeit, vor der Stunde einzelne Arbeitsstationen „schnell" aufzubauen bzw. nachher wieder abzubauen.

Dies ist für Prüfungslehrproben machbar, weil dort der Aufwand auf eine Stunde konzentriert wird und lediglich diese Stunde Beachtung findet, weniger die Frage nach dem sinnvollen „Davor" und „Danach". Im Schulalltag wird durch eine derartige Vorgehensweise nur Hektik und eventuell anschließender Frust erzeugt. Sicherlich können Kinder in den Auf- und Abbau integriert und damit sogar neue Lernfelder berücksichtigt werden. Wichtig ist mir, hier auf die Gefahr möglicher Organisationsschwierigkeiten hinzuweisen. Diese Schwierigkeiten mögen unter Umständen mit wachsender Erfahrung gar keine mehr sein, können einen Anfänger aber durchaus rasch zum Aufgeben bringen.

Ordnungskriterien

Ordnungskriterien beim Aufbau helfen den Kindern bei ihrer Orientierung. Das Durchnummerieren der einzelnen Stationen ist eine Möglichkeit. Sie kann z. B. durch Ziffernkarten erfolgen, die durch Prospekthüllen geschützt werden und dadurch immer wieder verwendbar sind. Den Kindern wird so das Auffinden einzelner Stationen erleichtert. Gleichzeitig erkennen die Kinder bereits am Auftauchen der Ziffernkarten, dass es sich wieder um ein Lernen an Stationen handelt.

Eine Farbkennzeichnung kann die inhaltliche Struktur oder organisatorische Betrachtungsweisen hervorheben. Gleiche Farben können z. B. stehen für die gleiche Sozialform, die Inhalte eines Teilgebietes, die unterschiedliche Berücksichtigung der Eingangskanäle usw. Es ist möglich, Farbpunkte aufzukleben oder farbiges Kopierpapier für die Arbeitsaufträge zu verwenden (siehe hierzu auch „Weitere praktische Tipps").

Selbstverständlich sind unterschiedliche Kennzeichnungen auch mischbar. Eine bestimmte Farbe steht z. B. für einen Teilbereich des aktuellen Themas, und die gleichzeitige Zuordnung von Nummernkärtchen erleichtert den Überblick.

Ich selbst verwende fast ausschließlich die Mischform, weil damit auf der einen Seite den Kindern die Struktur der Inhalte über die Farbe vermittelt werden kann und ihnen bewusst wird und gleichzeitig die Orientierung über den Stand der eigenen Arbeit und die Anordnung im Klassenzimmer selbst erleichtert wird.

Jeder Arbeitsauftrag erhält einen festen Platz im Klassenzimmer, seinen „Stammplatz". Dazu wurden einmalig Ziffernkärtchen gestaltet, die durch Aufhängen den Stammplatz der Stationenbeschreibung, des Arbeitsauftrages, markieren und gleichzeitig das Zurückbringen wesentlich erleichtern.

Hinweis: Um Arbeitsaufträge in anderen Zusammensetzungen wiederverwenden zu können, sind die Ziffern nie direkt auf den Arbeitsauftrag geschrieben, sondern entweder direkt auf die Prospekthülle oder auf ein Ziffernkärtchen, das in die Prospekthülle gelegt wird.

Arbeitsweisen der Kinder

Die Kinder holen sich den Arbeitsauftrag oder, falls nötig und möglich, das entsprechende Material an ihren Platz und bearbeiten es dort. Häufig ist eine Bearbeitung direkt an der Station möglich und sinnvoll. Es sind auch Arbeitsplätze auf dem Boden (Hygieneansprüche beachten) und außerhalb des Klassenzimmers möglich. Außerhalb des Klassenzimmers müssen sich die Kinder auf der einen Seite beaufsichtigt fühlen und gleichzeitig Verantwortung für ihr Tun übernehmen können. Dies ist nur möglich, wenn sie auch den dafür notwendigen Freiraum von uns erhalten. Wichtig ist, dass wir uns im Klaren sind, dass Aufsicht nicht Draufsicht heißt.

Auf dem Gang an einem dort bereitgestellten Tisch zu arbeiten, außerhalb etwas zu erkunden und zu beschreiben usw., damit können die Kinder lernen, verantwortlich zu handeln. In Montessori-Schulen gibt es im Klassenzimmer die Phasen der stillen Freiarbeit. Dort darf nur geflüstert werden. Arbeiten mit höherer Geräuschentwicklung sind dort auf den Gang verlagert. Ich habe mit der Umkehrung bessere Erfahrungen gemacht: Arbeiten, für die Ruhe notwendig ist und die ohne Belästigung anderer Kinder oder Klassen draußen zu erledigen sind, sollten auch dort getan werden. Dabei erhält zunächst jedes Kind die Möglichkeit, auch draußen zu arbeiten. Dieses Privileg kann bei von mir festgestelltem Regelverstoß wieder verloren werden, zumindest für eine bestimmte Zeit.

Die Sozialform sollte den Kindern weitestgehend freigestellt werden. Warum soll ein Kind unbedingt in der Form arbeiten, die aus meiner Sicht die beste ist, für das Kind aber unter Umständen nicht taugt? Wenn mir daran gelegen ist, dass Kinder auch mal mit einem Partner arbeiten oder sich einer Anforderung selbst stellen sollen, begründe ich dies in einem direkten Hinweis an das Kind bzw. in einem Gespräch mit ihm. Das Lernen an Stationen erlaubt der Lehrkraft die Zeit für solche Beobachtungen und Gespräche.

Wichtig ist nur, dass für diese Arbeitsform geltende Regeln mit den Kindern gemeinsam vereinbart werden.

Arbeits- und Verhaltensregeln

Wenn wir *mit* den Kindern zusammen neue Arbeitsformen erproben wollen, sollten wir es auch ernst nehmen, mit ihnen zusammen die Rahmenbedingungen zu gestalten, also auch Regeln zu erarbeiten. Dies bitte nicht in einem „Trockenkurs" oder als Vorlauf, sondern parallel zur Arbeit selbst.

Darin stecken folgende Annahmen: Es könnte ja durchaus sein, dass wir viele Dinge gar nicht erst regeln müssen, weil sie nämlich gar nicht als Problem auftauchen. Für Kinder wird die Notwendigkeit für Regeln erst einsichtig, wenn sie es an einer aktuellen Situation, an einer Störung erfahren.

Allgemeine Regelungen sind häufig nur Absichtserklärungen mit wenig Sinn und haben mit gemeinsamer Vereinbarung wenig zu tun. Was wir als Lehrerinnen und Lehrer aus unserer Sicht gerne regeln wollen, verkaufen wir dann als *gemeinsame* Regel, obwohl es eine Festlegung von uns ist. In solchen Fällen bleibt dann verständlicherweise auch die Verantwortung dafür bei uns und kann von den Kindern selbst nicht übernommen werden.

Nach meiner Erfahrung ist es sehr viel besser, eine aktuelle Situation aus der Arbeit an Stationen aufzunehmen und im Gesprächskreis mit den Kindern nach Lösungen zu suchen. Dieselbe Vorgehensweise gilt auch im Zusammenhang mit den Ansprüchen der Lehrerin oder des Lehrers.

Dazu gehören zunächst genaue Beobachtungen einzelner Kinder und ihrer Verhaltensweisen. An diese konkreten Situationen lassen sich dann unsere Wünsche oder Befürchtungen beschreibend angliedern und wir suchen gemeinsam nach Möglichkeiten oder Festlegungen. Andererseits können diese Ausgangspositionen und Beobachtungen natürlich der Anlass sein, um aus Lehrersicht eine ganz klare Festlegung vorzugeben. Dann ist es eine Festlegung, die wir nicht mehr als gemeinsam vereinbarte Regel „verkaufen" sollten und können.

Ansprüche und Regeln können selbstverständlich von der Lehrkraft klar formuliert und eingefordert werden, allerdings sind sie dann auch als solche zu kennzeichnen und gleichzeitig mit dem Hinweis zu versehen, welche Folge ein Regelverstoß hat.

Diese Aussage gilt für alle Regeln, die gemeinsam oder „einsam" vereinbart werden: Eine Regel ist nur so gut wie die Vereinbarung, was bei einem Regelverstoß geschieht. Diese Vereinbarung gehört zu einer Regel, zum Zeitpunkt des Aufstellens, sie sollte nicht der aktuellen Situation und eventuell dem momentanen Wohl- oder Unwohlbefinden der Lehrkraft überlassen sein. Kinder und Erwachsene müssen wissen, auf was sie sich einlassen, wenn sie gegen eine für sie gültige Regel verstoßen.

Einige wenige Hinweise auf Regeln, die sich aber vermutlich mit den Vorstellungen aller Lehrkräfte decken, seien als Anhaltspunkte genannt:

- Angefangene Arbeiten müssen auch zu Ende geführt werden, zumindest muss eine klare Aussage über die voraussichtliche Beendigung gemacht werden.
- Die Freiheit des Einzelnen hört dort auf, wo die Freiheit eines anderen eingeschränkt wird. Als Schlussfolgerung bleibt dann, dass eine Beeinträchtigung auch genannt werden muss, z. B.: „Ich kann mich nicht konzentrieren, wenn du so laut bist", und nicht gleich die Schlussfolgerung, die z. B. heißen würde: „Sei jetzt ruhig!" Hier denke ich nicht nur an unsere, sondern auch an die Sprache der Kinder untereinander, die sich im Laufe der Zeit in diese Richtung entwickeln sollte.

Ordnung an den Arbeitsstationen muss zu einer Aufgabe der Kinder werden. Nur wer die schmerzhafte Erfahrung von unvollständigen oder vermischten Arbeitsmaterialien gemacht hat, wird sich künftig eher für die notwendige Ordnung einsetzen. Hier helfen in einer Übergangsphase „Anwesenheitslisten", in welche sich die Kinder an der einzelnen Station eintragen, um eventuell Verursacher für Unordnung herausfinden zu können; wohlgemerkt, nur vorübergehend solche Anwesenheitslisten verwenden, bis sich ein bestimmtes Maß an Verantwortung eingestellt hat.

Am Ende jeder Stunde, jedes Bearbeitungsintervalls gibt es feste Zeiten für das Aufräumen. Diese Aufräumzeit kann den Kindern z. B. durch ein akustisches Signal mitgeteilt werden.

Anzahl der Lernstationen (Menge der Arbeitsaufträge)

Es ist aus inhaltlichen Gründen sinnvoll, mehr Arbeitsaufträge anzubieten als von den Kindern mindestens bearbeitet werden müssen. Damit können die Kinder auswählen und gleichzeitig unterschiedliche Zugänge und vor allem qualitative Differenzierungsgesichtspunkte berücksichtigt werden.

In der Summe müssen mindestens so viele Arbeitsaufträge vorhanden sein, dass gleichzeitig alle Kinder einen Arbeitsauftrag bearbeiten können. Daraus folgt, dass unterschiedliche Bedingungen die Anzahl der Stationen beeinflussen:

1. Es müssen aus inhaltlichen und Differenzierungsgründen so viele Aufträge vorhanden sein, dass sich sowohl die schwächeren Schüler adäquat angesprochen fühlen als auch die leistungsstarken Kinder in der Klasse Angebote erhalten, die ihrem Leistungsvermögen entsprechen.
2. Es müssen zumindest theoretisch so viele Aufträge da sein, wie Schüler in der Klasse sind.
3. Es können weniger Aufträge als Schüler in der Klasse sein, wenn einige Aufträge auch die Bearbeitung in Partner- oder Gruppenarbeit vorsehen.
4. Es sind auch nur wenige Stationen möglich oder sinnvoll, wenn z. B. Differenzierung und Inhalte dies nicht bedingen und der Umfang des Stationenbetriebes insgesamt kleiner sein soll. Diese Aufträge liegen dann jeweils in mehrfacher Fertigung vor, damit die Summe aller Angebote wieder mindestens die Anzahl der Schüler ergibt.

(Mit sechs Arbeitsaufträgen, die jeweils fünfmal kopiert sind, können theoretisch 30 Kinder „beschäftigt" werden.)

Laufzettel, Fortschrittsliste

Für alle Beteiligten, die Kinder und die jeweilige Lehrkraft, bietet ein Laufzettel die notwendige Orientierung über den Inhalt und die Struktur der aktuellen Stationen sowie über den Stand der Arbeiten einzelner Kinder. Auf dem Laufzettel sind entweder die Ziffern der einzelnen Stationen oder die Kombination von Ziffer und Inhalt als Übersicht dargestellt, gleichzeitig sind Möglichkeiten für Bearbeitungs- und Erledigungsvermerke vorgesehen.

Einen Laufzettel kann individuell jeder Schüler haben, oder er wird zusammengefasst als Übersichtsplan für die ganze Klasse zur Verfügung gestellt. Ein Übersichtsplan für die ganze Klasse veröffentlicht auch die Einzelleistung (zumindest unter quantitativen Betrachtungsweisen) und schafft damit Konkurrenzsituationen. Gleichzeitig bietet er jedoch einen Überblick über den „Stand" innerhalb der Klasse.

Ich selbst habe meist mit dieser Form begonnen, wenn es mir darum ging, die Kinder über die Quantität ihrer Arbeit an die gewünschte Qualität heranzuführen. Dies sei mit folgendem Beispiel belegt:

Ein Kind wird von mir beobachtet, wie es gleichzeitig zwei Kreuze anbringt, obwohl nur eine Station bearbeitet wurde. Nachdem ich dem Kind meine Beobachtung erzähle und ihm gleichzeitig eine Brücke anbiete: „Wahrscheinlich geht es dir nicht so gut, weil du erst so wenige Kreuze hinter deinem Namen hast", bejaht das Kind diese Aussage. Darum versehe ich nach Absprache mit dem Kind alle Kästchen mit einem Kreuz, um künftig ein „ruhiges und unbeschwertes" Arbeiten zu ermöglichen. Damit soll nicht Tür und Tor für

Nichtstun eröffnet, aber allen Kindern deutlich werden (weil es sich ganz schnell herumspricht), dass nicht die Anzahl der Kreuze wichtig ist, sondern die Tatsache, dass ein Kind für sich etwas gelernt hat und danach mehr kann oder weiß als vorher.

Der Übersichtsplan zu einem Lernzirkel „Übungen zum Zahlenraum bis 1 000", (s. Abb. 56) in einem dritten Schuljahr von Petra Prigl, Konrektorin an der Grundschule Gartenstraße in Sindelfingen, gestaltet und eingesetzt, stellt in der Kopfzeile die inhaltliche Struktur des Lerngegenstandes dar und nennt gleichzeitig die Anzahl der jeweils zur Verfügung stehenden Arbeitsaufträge (in diesem Fall überwiegend als Kopiervorlagen und Arbeitskarten). Die Übersicht war in der Kopfzeile auch mit denselben Farben unterlegt, mit denen die Arbeitskarten gekennzeichnet waren, z. B. sind alle acht zum Zahlenstrahl gefertigten Einzelaufträge mit roter Farbe gekennzeichnet, das Feld mit der Aufschrift „Zahlenstrahl" ebenfalls. Nach der Einführungsphase in den neuen Zahlenraum erhielten die Kinder den Auftrag, in jedem Arbeitsbereich (Themenbereich) mindestens zwei Aufträge zu erledigen, ansonsten so viele, bis sie sich in diesem Bereich sicher fühlten.

Der Übersichtsplan zum Thema „Geometrische Körper" für eine vierte Klasse (s. Abb. S. 57) wurde gemeinsam mit Petra Prigl ähnlich gestaltet, er enthält jedoch noch weitere Hinweise für den einzelnen Schüler.

Die Kopfzeile ist wie oben beschrieben aufgebaut und enthält die Schwerpunkte und Inhalte, die bei der Bearbeitung dieses „Stationenbetriebs" berücksichtigt werden: Zum Thema „Körper herstellen" sind drei Lernstationen angeboten (mir eingefallen), die Ziffer ganz unten (2) beschreibt die Anzahl der Stationen, die innerhalb dieses Themengebietes bearbeitet werden müssen, also zwei der drei zur Verfügung stehenden Arbeitsaufträge. Die drei Arbeitsaufträge weisen insgesamt, vom Umfang und dem verlangten Schwierigkeitsgrad, deutliche Unterschiede auf. Zum Thema „verschiedene Körperformen" sind fünf Stationen zur Verfügung gestellt, drei davon müssen bearbeitet werden. Entsprechendes gilt für die drei restlichen Teilthemen.

Der Laufzettel mit den Luftballons (s. Abb. S. 58) wurde ursprünglich von Rita Binder, Lehrerin an der Grundschule Flacht, für eine gemeinsam geplante Übungsphase an Stationen für ein erstes Schuljahr hergestellt. Durch seine Einfachheit und gleichzeitige Offenheit fand er sowohl in dieser Klasse als auch durch mich schon in vielen anderen Lernzirkeln (bis hin zum neunten Schuljahr) als Übersichtsplan Verwendung. Die Kinder bzw. Schülerinnen und Schüler kennzeichnen nach erfolgter Erledigung eines Einzelauftrags die

(Lesen Sie weiter auf S. 59.)

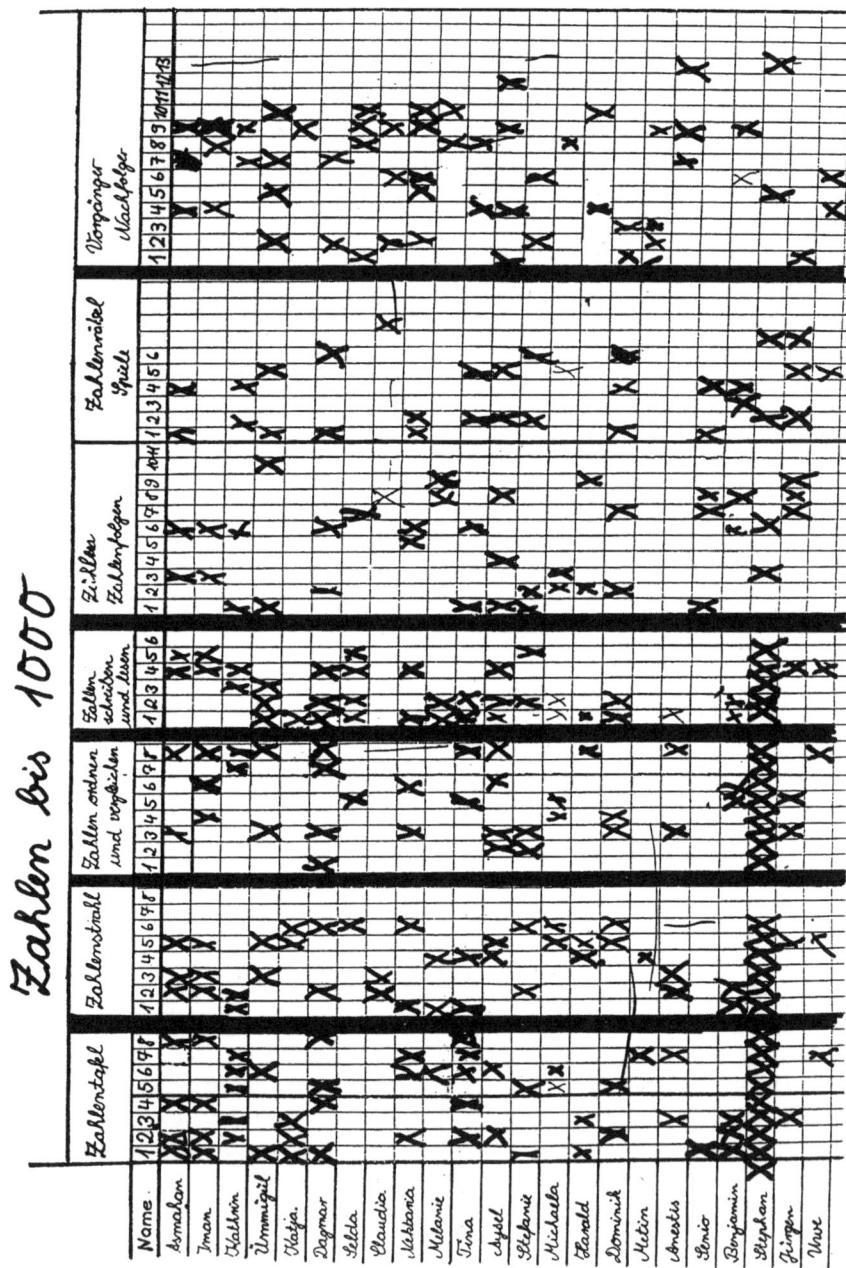

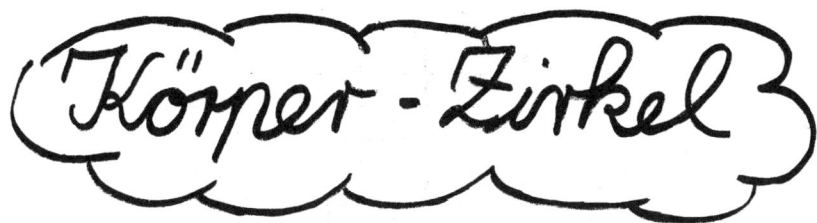

	Körper herstellen ①			Verschiedene Körperformen ②					Körper- netze ③			Kanten, Ecken, Flächen ④					Mit Würfeln bauen ⑤			
	a	b	c	a	b	c	d	e	a	b	c	a	b	c	d	e	a	b	c	d
Asmahan																				
Kathrin																				
Ümmügül																				
Nadin																				
Dagmar																				
Selda																				
Claudia																				
Uektaria																				
Melanie																				
Tina																				
Aysel																				
Stefanie																				
Susanne																				
Michaela																				
Harald																				
Dominik																				
Metin																				
Anestis																				
Benni																				
Stephan																				
Thomas																				
	2			3					2			3					2			

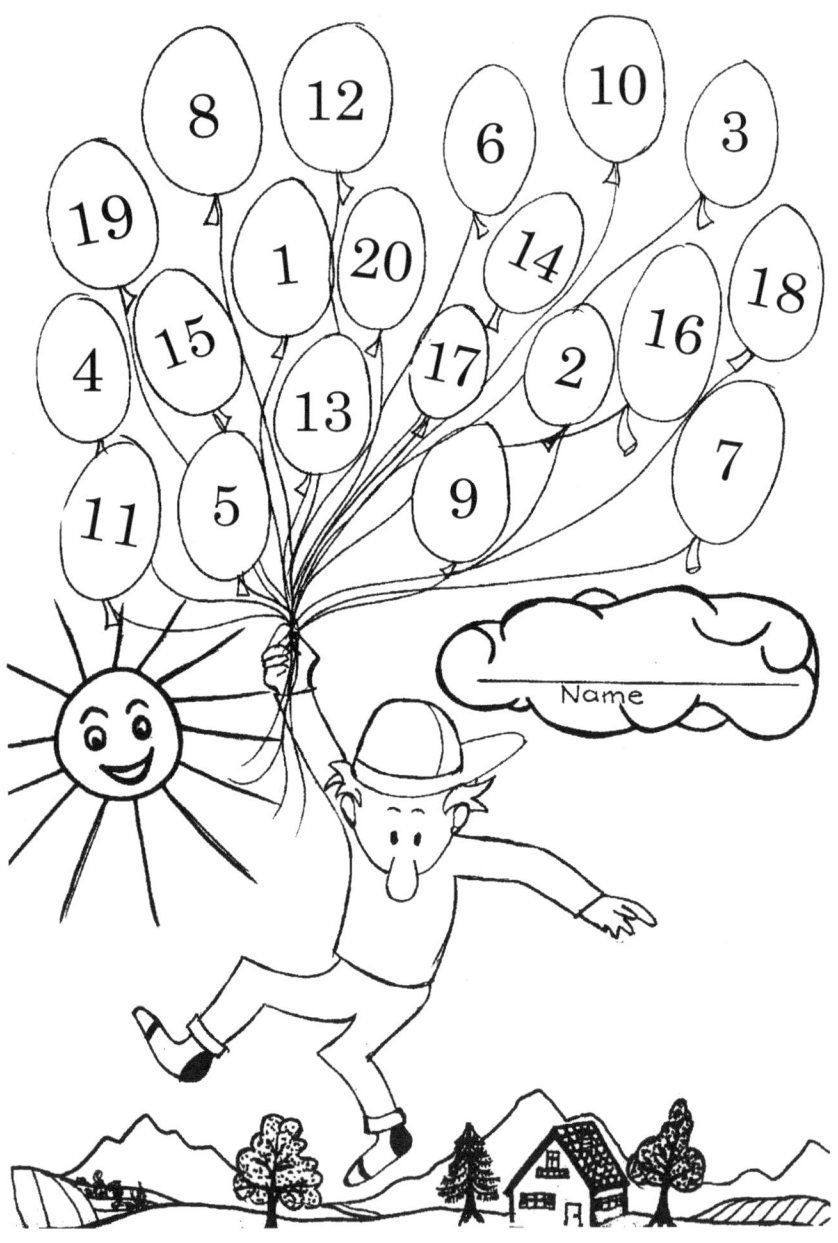

(von Rita Binder)

entsprechende Ziffer auf dem Laufzettel durch Ankreuzen oder noch besser durch farbiges Anmalen. Wenn gleichzeitig die einzelnen Stationen durch Farbmarkierungen gekennzeichnet sind, sind diese Farben beim Anmalen zu berücksichtigen. So erhalten schon Erstklässler, und auch alle anderen Schülerinnen und Schüler, die Möglichkeit, Strukturen zu erkennen und die notwendige Anzahl selbst zu kontrollieren.

In diesem konkreten Falle waren die einzelnen Stationen durch Farbaufkleber gekennzeichnet. Es gab beispielsweise fünf grüne Kennzeichnungen. An der Fläche unterhalb der Tafel waren drei grüne Farbpunkte angebracht, die den Kindern signalisierten, dass von den fünf zur Verfügung stehenden „grünen" Stationen drei zu erledigen sind. Als Kontrolle mussten später also drei grüne Luftballons auf dem Laufzettel vorhanden sein.

Der folgende Laufzettel (s. Abb. S. 60) ist von Petra Prigl zum Stationenbetrieb Thema „Kartoffel" gestaltet. Er stellt das Grundanliegen und die inhaltliche Struktur in anderer Weise dar: Insgesamt steht jede Kartoffel für einen Themenbereich, jeder Punkt auf der Kartoffel steht für eine der zur Verfügung stehenden Arbeitsstationen.

Stationen zum Thema 1 beschäftigen sich z. B. mit der Kartoffelpflanze. Den Kindern standen drei Arbeitsaufträge zur Verfügung, mit Berücksichtigung unterschiedlicher Zugänge bzw. Arbeitsweisen. An einer Station sollte z. B. die Kartoffelpflanze nach einer Vorlage gezeichnet und beschriftet werden. Eine weitere Station stellte die Pflanzenteile jeweils als Teile einer Zeichnung und Begriffskärtchen zum Ausschneiden zur Verfügung. Alle Teile wurden von dem Kind ausgeschnitten, richtig zusammengefügt, aufgeklebt und eventuell noch farbig gestaltet.

Im Rahmen der dritten, alternativ zur Verfügung stehenden Station mussten von den Kindern Begriffskärtchen auf einem Klebebild richtig zugeordnet werden.

Der Laufzettel verlangt nun von den Kindern, zu jedem der acht Einzelthemen mindestens eine Station zu bearbeiten. Die Kinder wählen die Station aus, die ihrem Leistungsvermögen und ihren Ansprüchen am ehesten gerecht wird. Diese Vorgehensweise widerlegt übrigens meist die Annahme, dass sich Kinder immer die einfachsten Dinge aussuchen und damit den Weg des geringsten Widerstandes gehen.

Immer dann, wenn die individuelle Leistung im Vordergrund steht und in der Klasse das gegenseitige Beobachten einen hohen Stellenwert einnimmt, empfehle ich grundsätzlich die Verwendung von personenbezogenen Laufzetteln. Diese Laufzettel können von den Kindern anschließend auch abgeheftet werden und dokumentieren damit in ihren Unterlagen die geleistete Arbeit.

Kartoffel

Name: _____

(von Petra Prigl)

Übersichtspläne werden einmalig als Grundpläne mit den eingetragenen Kindernamen erstellt. In die Kopien werden dann die Begriffe und die Anzahl der Stationen für einen neuen Stationenbetrieb eingetragen.

Zeitlicher Umfang beim Lernen an Stationen

Beim Lernen an Stationen ergibt sich die Gesamtarbeitszeit aus der Anzahl der Stationen und der zur Verfügung stehenden Zeit pro Station bzw. der benötigten Zeit für die gewünschten Mindestleistungen. Sie orientiert sich inhaltlich an den Vorstellungen der Lehrerin oder des Lehrers und, falls auf ein Fach begrenzt, auch an den Möglichkeiten des Lehrplans. Der Stationenbetrieb zu einem bestimmten Thema kann sich so schnell über einen zweistelligen Stundenumfang erstrecken. Es ist nicht sinnvoll, das Lernen an Stationen auf enge Zeiträume zu begrenzen. Die großen Vorteile dieses Lernens liegen ja gerade darin,

- dass jedes Kind in seinem Tempo die Mindestanforderungen erfüllen kann,
- dass sich ein Kind auf die Fortsetzung am nächsten Tag einstellen kann,
- dass durch die längerfristige Anlage erst ein gegenseitiger Ansporn, gegenseitige Hilfe und das Entwickeln von Interessen möglich werden usw.

Gleichzeitig soll aber auch die Konzentrationsfähigkeit einzelner Kinder auf ein Thema nicht überfordert werden. Ich halte es für sinnvoll, das Lernen an Stationen zumindest am Anfang auf jeweils eine Unterrichtsstunde pro Tag zu begrenzen. Aufhören, wenn es am schönsten ist, erhält den Wunsch, an dieser Sache am nächsten Tag weiterzuarbeiten.

Dauert eine intensive Arbeit länger als 45 bis 60 Minuten, lassen die Begeisterung, die Intensität der Arbeit und die Freude insgesamt nach einiger Zeit nach. Am nächsten Tag muss dann unter Umständen wieder mühsam motiviert werden, sofern es überhaupt noch möglich ist. Dabei liegt dieser Motivationsabfall nicht in der Sache, sondern eher in der Überforderung der zeitlichen Leistungsmöglichkeiten begründet.

Im stundenbezogenen Unterricht wird die Motivation oft oder immer am Beginn aufgebaut und die Stunde möglichst „rund" wieder abgeschlossen. Somit wird der bedingte „stündliche" Motivationsaufbau zur Notwendigkeit. Die folgende Skizze kann diese verdeutlichen:

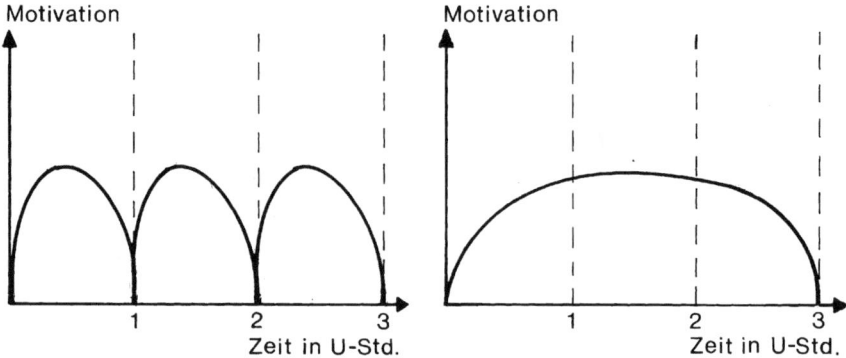

Die linke Skizze beschreibt die Aufteilung des entsprechenden Themas in Einzelstunden und den jeweiligen Motivationsablauf. In der rechten Skizze soll bewusst nicht nach jeder Stunde eine Abrundung erfolgen. Hier wird durch den Stundenrhythmus an der Schule oder durch einen modifizierten Ablauf des Schulalltages, jeweils nach einer vertretbaren Zeit, die tägliche Zäsur gesetzt, um die Motivation auch zu erhalten.

Ablagemöglichkeiten für Zwischenergebnisse, Endprodukte und den Laufzettel

Die Kinder arbeiten unterschiedlich lange an einzelnen Stationen und sind bei der oben erwähnten täglichen Zäsur meist nicht an einem klaren Ende bei der Bearbeitung des letzten Auftrages. Auch die Ergebnisse, der Laufzettel usw. benötigen eine Möglichkeit für sinnvolles Aufbewahren. Sie sollen am Folgetag wieder zur Verfügung stehen. Aus meiner Sicht hat sich dafür eine Hängeregistratur mit je einer Hängemappe pro Kind sehr gut bewährt. Dort lagern die Kinder ihre Zwischenergebnisse, den Laufzettel und auch Fertigprodukte, sofern diese überhaupt erstellt werden. Somit stehen sie am nächsten Tag wieder zur Verfügung und ermöglichen zudem der Lehrerin oder dem Lehrer, sich über den Stand einzelner Kinder ein Bild zu machen, eventuell auch Ergebnisse zu kontrollieren oder den Kindern eine Rückmeldung zu geben.

Rückmeldungen an die Kinder

Kinder in der Grundschule (und Erwachsene) freuen sich darüber, wenn sie bezüglich ihrer Arbeit eine Rückmeldung erhalten. Dies ist über die Hängeregistratur durch das Einlegen von Zetteln gut möglich.

Folgende Formulierungen habe ich z. B. schon verwendet:

„Herzlichen Glückwunsch!

Du hast in den folgenden Teilgebieten _____ schon alle Pflichtaufgaben erledigt. Ich freue mich sehr darüber. Hoffentlich hat es dir Spaß gemacht und du hast dabei etwas gelernt oder geübt. Weiter so!"

„Du warst fleißig und hast schon einige Aufgaben erledigt. Allerdings hast du aus meiner Sicht noch nicht alle Aufgaben gemacht, die in diesem Bereich für dich notwendig wären. Woran lag es wohl? Ich bin sicher, dass du noch einige der Pflichtaufgaben erfüllen kannst oder gemeinsam mit mir Lösungen findest. Ich würde mich freuen!"

Helfersystem aufbauen

Kinder helfen sich gerne gegenseitig und erklären sich auch Inhalte und Sachverhalte teilweise besser, als wir das können. Ihre Denk- und Arbeitsweisen ähneln sich untereinander wahrscheinlich mehr als die unsrigen und die einzelner Kinder. Das Helfersystem kann durch direkte Zuweisung erfolgen. Dies entspricht dann z. B. dem von Jürgen Reichen im Werkstattunterricht bevorzugten „Chefsystem": Jeder Schüler bekommt dort eine Station zugewiesen. In diese hat er sich einzuarbeiten und ist dann Chef dieser Station. Der Chef hilft, erklärt und bewertet. Jürgen Reichen hat nach seinen Berichten sehr gute Erfahrungen damit gemacht. Ich selbst habe festgestellt, dass Kinder mit einer so umfangreichen Aufgabe überfordert oder gar überlastet sind. Für Jürgen Reichen ist dieser Zustand durchaus erstrebenswert, weil sich die Kinder dann auf neue Lösungsmöglichkeiten im Zusammenhang mit ihrer Überlastung besinnen. Vergleiche hierzu die ausführlichen Darstellungen von Jürgen Reichen in: Jürgen Reichen und Mitarbeiter, 1988.

Für den freien Aufbau eines Helfersystems haben sich Namenskärtchen bewährt, die zur besseren Befestigung mit einer Wäscheklammer versehen sind. Kinder heften ihr Namensschild nach eigenem Ermessen an die jeweilige Station und signalisieren damit, dass sie sich hier auskennen und bereit sind, Hilfen zu geben. Selbstverständlich können sie ihr Hilfsangebot durch Abnehmen des Namenskärtchens wieder zurücknehmen.

Solche Namensschilder helfen z. B.
auch bei der Koordinierung der an-
geforderten Hilfe der Lehrkraft. Ein
Kartonstreifen mit der Aufschrift
„Hilfe!" dient dem Anheften einzelner Namensschilder. Diese Namensschilder sollen immer untereinander angeheftet werden, um das
Abarbeiten in der richtigen Reihenfolge durch die Lehrerin oder den
Lehrer zu gewährleisten. In einem
vorausgehenden Gespräch werden
die Kinder über den Zusammenhang mit der zeitlichen Dimension
aufgeklärt und entscheiden sich
dann jeweils selbst, ob sie diese Zeit
durch Warten überbrücken oder
zwischendurch eine andere Aufgabe erledigen.

In der Grundschule Hausen hat
Herr Baumbusch zusätzliche Namensschilder in einer bestimmten
Farbe eingeführt, die noch eine andere Signalwirkung haben:

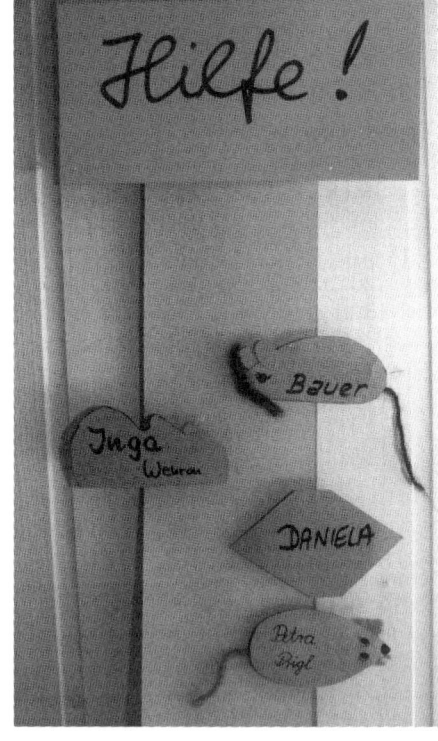

Wer am Ende einer Bearbeitungseinheit mit der Station noch nicht fertig ist und am Folgetag dort weiterarbeiten möchte, der heftet sein rotes Namensschild an die Station. Das rote Namensschild stellt also die Reservierung der Arbeitsstation für den Folgetag sicher (als rote Ampel für die Mitschüler).

Gegenseitige Information, Austausch, Gesprächsrunden

Durch das Lernen an Stationen soll selbstverständlich das individuelle Lernen im Vordergrund stehen. Gleichzeitig sind jedoch auch Möglichkeiten sozialen Lernens, des Berichtens und des Zuhörens, also des Miteinanders zu integrieren. Der Gesprächskreis stellt dazu einen guten Organisationsrahmen dar. Im Gesprächskreis können die Kinder berichten, sich austauschen, zurückfragen oder auch einfach nur zuhören. Für andere Kinder bietet die Schilderung von guten Erfahrungen oder Schwierigkeiten Signalwirkungen, die Aufmerksamkeit wecken oder Motivation erzeugen. Teilweise geben diese Schilderungen auch Entscheidungshilfen für die Fortsetzung der Arbeit.

Es scheint mir nicht angebracht, den genauen und sinnvollen Ort solcher Besprechungen in den einzelnen Bearbeitungsphasen zu beschreiben, auch soll nicht das Postulat aufgestellt werden, dass jede Arbeitsstunde beim Lernen an Stationen einen Gesprächskreis enthalten muss. Solche Dinge muss jede Lehrkraft für sich und ihre Klasse täglich neu entscheiden und begründen. Einige Aspekte sollen diese Entscheidung erleichtern oder die bisherige Praxis reflektieren helfen.

Eine Arbeitsstunde mit einem Gesprächskreis zu beginnen ermöglicht auf jeden Fall einen gemeinsamen Beginn. Die Lehrkraft und die Kinder sammeln sich und stimmen sich auf das aktuelle Thema täglich neu ein. Gleichzeitig werden damit die Vorteile eines gleitenden Beginns der Arbeit vergeben.

Vorteile eines gleitenden Beginns sind:

- Kinder beginnen nicht immer punktgenau nach der Aufforderung der Glocke oder der Lehrerin mit ihrer Arbeit, sondern mit einer offenen Anfangsphase oder bereits während der vorausgehenden Pause.
- Kinder, die z. B. nach der Pause oder zu Beginn der Stunde nicht pünktlich sind, stören nicht gleich die Arbeit der gesamten Klasse.
- Die Kinder übernehmen mit ihrer Entscheidung für den Beginn auch selbst die Verantwortung dafür.

Die Verantwortung, sich selbstständig für eine Arbeit zu entscheiden und diese auch zu beginnen, würde durch den fast obligatorischen Auftrag am Ende der einführenden Gesprächsrunde: „Arbeitet jetzt bitte an den Stationen weiter!" dann doch wieder federführend durch die Lehrkraft übernommen.

Eine Gesprächsrunde am Schluss einer Arbeitsphase ermöglicht eine Reflexion der Arbeit und hilft Sachverhalte zusammenzufassen. Gleichzeitig ist sie meist durch das Stundenende oder die anschließende Pause zeitlich vorgeprägt und damit häufig eingeschränkt. Ein Klassengespräch kann oft zusätzlich für die anschließende Arbeit motivieren. Wenn das Gespräch am Schluss der Stunde stattfindet, bezieht sich die Motivation erst auf eine Stunde am Folgetag und kann daher ihre volle Wirkung nur selten entfalten.

Aus meiner Sicht haben sich Gesprächsphasen bewährt, die in den laufenden Prozess integriert sind. Sie unterbrechen dann zwar die aktuelle Arbeit der Kinder, ermöglichen jedoch anschließend eine (fast) nahtlose Fortsetzung.

Die zeitliche Einordnung einer Gesprächsphase sollte situativ begründet werden.

Inhaltliche Prägung der Gesprächsphasen

Nach meinen Erfahrungen entwickeln sich nicht vorgeprägte Gesprächskreise fast immer gleich: Die Kinder berichten über ihre Erfahrungen, Meinungen und Einstellungen. Diese helfen bei der Verinnerlichung der Handlungen und sind im Sinne Piagets der begrüßenswerte Teil eines Lernprozesses bzw. das Denken überhaupt. Nur in seltenen Fällen sind die Gespräche inhaltlich strukturiert. Aus der Sicht der Lehrerin, des Lehrers bleiben dann inhaltliche Betrachtungen eher im Hintergrund.

Als Ergänzung zu offenen Gesprächsphasen, die sehr wichtig für die innere Einstellung der Kinder sind, können daher vorher vereinbarte inhaltliche Gesichtspunkte im Mittelpunkt stehen. Kindern, die den zu besprechenden Inhalt schon bearbeitet haben, geben diese Gespräche dann eine Rückmeldung über den Lernzuwachs, für die anderen sind sie eher eine vorausschauende Anregung und weniger im Sinne einer Reflexion zu verstehen.

Die Reflexion über die inhaltlichen Dimensionen macht den Kindern erst bewusst, ob sie auch die richtigen Erkenntnisse und Erfahrungen gemacht haben. Durch die unterschiedliche Abfolge der Arbeiten ist dies jedoch selten (außer am Schluss einer Einheit) zu gewährleisten.

Hinweise oder Rückfragen auf den Anweisungen der Lernstationen, was hier gelernt oder entdeckt werden sollte, ermöglichen den Kindern auf dieser Ebene eine individuelle Reflexion. Auf der Basis eigener Betrachtungen und Erfahrungen oder solcher, die gemeinsam mit einem Partner oder einer Gruppe gemacht sind, sollten Reflexionsphasen angeregt und durch Einzelgespräche unterstützt werden.

Die „Einführung"

Mit drei oder mehr Erklärungen durch die Lehrerin oder den Lehrer ist die Aufnahmefähigkeit von Kindern wahrscheinlich schon überfordert. Ein Kind, das sich nach ersten Erklärungen bereits für den späteren Beginn an einer Station entschieden hat, hört beim Rest nicht mehr zu und wird unruhig. Wer auf seinen „Leckerbissen" wartet, lässt bisherige Erklärungen einfach an sich „vorbeiziehen".

Mir erscheint es daher wenig sinnvoll, dass die Lehrerin, der Lehrer einzelne Stationen vorstellt. Auf andere, weniger anstrengende Weise können Kinder ohne lange Erklärungen an neue Stationen herangeführt werden. Die Reihenfolge entspricht dabei keiner Wertung:

Die kindliche Neugierde wird geweckt durch

- die Bereitstellung der Arbeitsstationen ein bis zwei Tage vor dem tatsächlichen Arbeitsbeginn;
- die Bereitstellung der Arbeitsstationen vor Unterrichtsbeginn, wobei die Weckung der Neugierde dann nur noch bedingt gilt;
- einen „Ausstellungsrundgang", bei dem die Kinder vor dem Arbeitsbeginn die einzelnen Angebote betrachten und im Überblick kennen lernen können.

Auf diese Weise können die Kinder bereits vor dem eigentlichen Arbeitsbeginn die einzelnen Stationen betrachten und für sich jeweils diejenige ausfindig machen, für die sie während der Anfangsphase keine weitere Hilfe benötigen.

Die Anfangsstation festlegen

Die Befürchtung, dass Kinder sich schwer oder unkontrolliert für den Beginn ihrer Arbeit entscheiden können, führt meist dazu, dass viel geregelt wird. Grundsätzlich kann ich allen nur Mut machen, den Kindern diese Selbstregelung zuzutrauen und zu ermöglichen. Die freie Auswahl der Arbeitsstationen ist während der Arbeit sowieso gegeben, warum also nicht auch zu Beginn. Verständlicherweise dauert es einige Minuten länger, bis alle Kinder bei der Arbeit sind, sie haben damit jedoch schon eine große eigenverantwortliche Tätigkeit hinter sich, nämlich die, sich selbst für eine entsprechende Arbeit zu entscheiden. Wem dies doch mit zu viel Unsicherheit oder Unruhe verbunden ist, der kann z. B.

- die Anfangsstation auf dem Laufzettel oder der Übersicht kennzeichnen;
- einzelnen Kindern oder Schülergruppen direkt den Beginn an einzelnen Stationen zuweisen;

▪ über eine „Zugfahrt" und die „Fahrkarte" (Laufzettel) die erste „Haltestelle" (Station) zuweisen;
(Diese Idee stammt von Hans Mozer, der seinen Schülerinnen und Schülern den Laufzettel als „Fahrkarte" anbietet, die die Ausstiegsstelle am langsam fahrenden Zug kennzeichnet. Die Kinder bewegen sich in einer Schlange wie ein fahrender Zug die aufgebauten Stationen entlang. Kommt ein Kind an „seiner Haltestelle" – auf der Laufkarte gekennzeichnete Station – vorbei, steigt es aus und beginnt dort mit seiner Arbeit. Am Schluss ist nur noch die Lokomotive, also die Lehrerin oder der Lehrer, übrig.)

▪ einen „leeren" Laufzettel zur Verfügung stellen. Kindern ab Klasse drei kann ein Laufzettel ohne genaue Kennzeichnung übergeben werden. Bei ihrem informativen Rundgang sollen sie zu jeder Station für sich eine eigene Überschrift oder Kurzbeschreibung finden. Erst dann beginnen sie ihre Arbeit an einer frei zu wählenden Station.

Anzahl der Stationen aus der Sicht des Kindes

Nach meinen bisherigen Erfahrungen ist eine Beschränkung auf wenige Stationen auch bei einem ersten Einsatz dieser Arbeitsform weder nötig noch sinnvoll. Wenn den Kindern die Stationen wie oben geschildert am selben Tag oder an Tagen zuvor zur Betrachtung angeboten werden, sind sie bereits damit vertraut. Durch die Kenntnisse aus dem Kindergarten, bei denen sie in freiem Spiel unter einer großen Anzahl von Materialien auswählen konnten, und durch die geweckte Neugierde ist eine entsprechende Hemmung vermutlich schnell ab- und die erforderliche Motivation aufgebaut.

Es ist sinnvoll, mehr Stationen anzubieten, als die Kinder bearbeiten sollen. Das Gesamtangebot orientiert sich dabei an den leistungsstärksten Schülerinnen und Schülern und an den unterschiedlichen Zugangs- und Bearbeitungsweisen. Die Minimalanforderung entspricht der Vorstellung der Lehrerin oder des Lehrers und sollte sich an der Leistungsfähigkeit der schwächeren Kinder orientieren. Dazu gehört die Akzeptanz, dass nicht alle Kinder alles machen (auch nicht machen müssen) und dass die später in der Leistungsmessung sichtbaren Unterschiede sich auch schon beim Bearbeiten zeigen.

Abschließend soll jedoch die Frage gestellt werden, warum denn immer alle Kinder während eines Lernprozesses möglichst gleich behandelt werden sollen, diese Gleichbehandlung zwar mit dem gleichen Test, aber mit einem völlig unterschiedlichen Ergebnis beendet wird?

Die folgende Skizze verdeutlicht diese unpädagogische Vorgehensweise.

(in Anlehnung an: Hans Traxler, Frankfurt am Main)

Leistungsmessung muss sein und wird auch hier nicht ausgeschlossen, die
Frage heißt nur, ob die Hürde für alle Kinder gleich hoch sein muss? (Siehe
dazu auch die Ausführungen unter dem Thema → Leistungsmessung beim
Lernen an Stationen)

Weitere praktische Tipps

Es ist sinnvoll, zu erstellende Anweisungen und Arbeitsaufträge auf weißem
Papier zu gestalten und sie erst anschließend auf farbiges Papier zu kopieren.
Wer gleich mit farbigem Papier arbeitet, erschwert sich die Möglichkeit weite-
ren Kopierens. Arbeitsaufträge auf rotem Papier können z. B. nur mit großen
Qualitätseinbußen kopiert werden.

Um Arbeitsaufträge in anderen Zusammensetzungen wiederverwenden zu
können, sollte die Kennzeichnung in Form von Ziffern oder Buchstaben
möglichst nicht auf dem Arbeitsauftrag selbst vermerkt werden. Als Ersatz
dienen dann z. B. in die Prospekthülle eingelegte Ziffern- oder Buchstaben-
kärtchen oder eine Beschriftung direkt auf der Prospekthülle mit wasserfestem
Stift.

Wenn den Kindern Arbeitsblätter in Prospekthüllen zum Beschriften zur
Verfügung gestellt werden, sollten diese Arbeitsblätter innen an der Hülle mit
einem Tesastreifen fixiert werden. Damit wird verhindert, dass Eintragungen
nachher nicht mehr auf der Zeile stehen.

Das Beschriften von Arbeitsblättern, die lediglich in Prospekthüllen zur Verfügung gestellt werden, sollte mit einem wasserlöslichen Folienstift erfolgen,
da es anschließend ja wieder abgewischt werden soll. Kinder sollten dann
möglichst je einen derartigen Stift besitzen und vorher das „sinnvolle" und
saubere Wiederauswischen kennen gelernt haben: Zunächst mit einem feuch-
ten Tuch oder Papier abwischen (sieht dann ganz verschmiert aus) und
anschließend mit einem trockenen Tuch oder Papier sauber wischen.

Gestaltete Materialien (z. B. Legespiele o. Ä.) zuvor ungeordnet auf den
Kopierer legen und eine „Bestandsaufnahme" fertigen. Eventuell fehlende
oder beschädigte Teile können so rasch und unproblematisch ausfindig gemacht und wiederhergestellt werden.

Zusammenfassung

Organisatorische Hinweise zum Lernen an Stationen I

a) Bereitstellung der Arbeitsaufträge/Stationen
Die Arbeitsaufträge sollten nicht auf den Schülertischen aufgebaut werden:

▨ zeitliche Gründe – keine Zeit vor/nach der Stunde
▨ organisatorische Gründe
 – schlecht sichtbar
 – Stationenschilder schwierig aufzustellen
 – Beeinträchtigung durch sonstiges Material
 – usw.
▨ persönliche Gründe

Jeder Schüler soll „seinen" Arbeitsplatz zunächst behalten, denn sein Platz ist seine „Heimat", die er vorläufig nur freiwillig verlassen kann/soll.

Die Arbeitsaufträge können bereitgestellt werden

▨ in Prospekthüllen
 – schriftliche Aufträge
 – Arbeitsblätter
 – Hinweise auf Buchseiten
 – usw.
▨ durch Auslegen auf Fensterbank, Tisch, Stuhl usw.
▨ durch Aufhängen an der Pinnwand, am Fenster, am Regal usw.
▨ durch bereitgelegtes Material, Versuchsanordnungen oder Bücher

Organisatorische Hinweise zum Lernen an Stationen II

b) Menge der Arbeitsaufträge
Es ist sinnvoll, mehr Arbeitsaufträge anzubieten, als von den Schülern mindestens bearbeitet werden müssen (Auswahl, Eingangskanäle usw.).

In der Summe müssen mindestens so viele Arbeitsaufträge vorhanden sein, dass alle Schüler einen Arbeitsauftrag bearbeiten können. Das heißt:

1. Es müssten mindestens so viele Aufträge sein, wie Schüler in der Klasse sind.

2. Es können weniger Aufträge sein, als Schüler in der Klasse sind, wenn einige Aufträge auch die Bearbeitung in Partnerarbeit oder Gruppenarbeit bedingen.

3. Es können auch nur wenige Aufträge sein, die dann aber jeweils in mehrfacher Kopie vorliegen, damit es in der Summe wieder mindestens die Anzahl der Schüler ergibt.

Organisatorische Hinweise zum Lernen an Stationen III

c) Die Einführung der Stationen/eines Lernzirkels

Es ist **nicht** sinnvoll, dass zunächst von der Lehrerin oder vom Lehrer die einzelnen Stationen vorgestellt werden.

▨ Mit mehr als drei Erklärungen ist die Aufnahmefähigkeit von Schülern wahrscheinlich überfordert.

▨ Wer sich nach der ersten Erklärung für die Stationen entschieden hat, hört beim Rest sowieso nicht mehr zu.

▨ Wer auf „seinen Leckerbissen" wartet, lässt bisherige Erklärungen einfach an sich vorbei ziehen.

Bessere Möglichkeiten, um die Schüler ohne lange Erklärungen an die Stationen heranzuführen, sind:

1. Die Neugierde wecken durch

 ▨ Bereitstellung bereits ein bis zwei Tage vor Arbeitsbeginn,
 ▨ Bereitstellung vor Unterrichtsbeginn (klappt dann nur bedingt),
 ▨ einen „Ausstellungsrundgang"

 und dadurch eine selbstständige Auswahl beim Beginn ermöglichen.

In jedem der Fälle führt die natürliche Neugierde dazu, dass die Kinder bereits vor dem eigentlichen Arbeitsbeginn die Stationen betrachten und damit wenigstens eine Station als Anfangsmöglichkeit für sich ausmachen, an der sie keine weitere Hilfe benötigen.

2. Zuweisung der ersten Station durch

 ▨ Kennzeichnung auf dem Laufzettel oder der Übersicht,
 ▨ persönliche Zuweisung einzelner Schüler oder Schülergruppen,
 ▨ eine „Zugfahrt" mit „Fahrkarten" und „Haltestellen".

6. Kinder in die Planung einbeziehen

Als Lehrerinnen und Lehrer beschäftigt uns die Neueinführung eines Stoffes schon Tage oder Wochen vorher. Selbst nach einem Studium, als Fachleute, müssen wir uns sowohl inhaltlich als auch didaktisch und methodisch länger-fristig auf ein Thema einstimmen und dieses vorbereiten. Den Kindern sollten wir die Möglichkeit dazu auch geben. Für sie gilt auch, was ich bei Unterrichts-besuchen öfter als Argument nach schwierigen Situationen im Unterricht höre: „Wissen Sie, Herr Bauer, das mache ich auch fachfremd und zum ersten Mal."

Für unsere Kinder sind die meisten Inhalte fachfremd, im Sinne unserer Terminologie vermutlich alle. Sie haben auch ein Recht auf Vorbereitung, sollen sie sich mehr als nur spontan und zufällig auf das Thema einlassen.

Ein Planungsgespräch, etwa eine Woche vor dem Beginn der eigentlichen Arbeit, kann einen korrekten Einstieg in eine neue Thematik und die Einbin-dung der Kinder ermöglichen. Eberhard Kanzler, Seminarschulrat am Staatli-chen Seminar für schulpraktische Ausbildung in Sindelfingen, hat die Mög-lichkeiten des Planungsgesprächs unter dem Titel „Das Planungsgespräch, oder die Schüler reden lassen" in dem von Bernd Lehmann herausgegebenen Buch: Kinder-Schule: Lehrer-Schule, 1989, näher beschrieben. Er stützt sich vor allem auf den Aufsatz von Jörg Haug u. a.: „Sachunterricht in der Grund-schule – Methoden und Beispiele", in: *Lehren und Lernen,* 6 (1977) Seite 8 ff., auf Erfahrungen von Hans Mozer und seine eigenen.

Im Rahmen einer offenen Fragephase, in der die Kinder Fragen zum neuen Thema stellen, wird auf den neuen Inhalt vorbereitet. Nach einer Vorankün-digung z. B. am Vortage können die Kinder ihre Fragen äußern oder bereits schriftlich formulieren und vortragen. Die Aufzeichnung als Tonbandprotokoll unterstreicht die Wichtigkeit und Ernsthaftigkeit und erlaubt der Lehrkraft und den Kindern einen späteren Zugriff. Wenn die Fragen bereits schriftlich von den Kindern festgehalten sind, können diese nach dem Vortragen im Sitzkreis mit den Kindern gemeinsam oder von ihnen selbst strukturiert durch Aufkleben auf ein Plakat festgehalten werden.

Nach einem Tonbandprotokoll habe ich z. B. die Fragen der Kinder jeweils auf einem Plakat festgehalten. Es wurde am nächsten Tag unter der Überschrift „Die Kinder der Klasse 3a interessiert zum Thema ..." im Klassenzimmer ausgehängt.

Den Kindern standen dadurch die Fragen aller als Informationsquelle und gleichzeitig als Ausblick auf das neue Thema zur Verfügung. Auf dem Plakat konnten jederzeit weitere Fragen eingetragen werden.

Gleichzeitig dient es auch als Grundlage für ein Abschlussgespräch. Die Beantwortung der Fragen kann dann in der Rückschau als Ergebniskontrolle dienen und den Unterrichtserfolg überprüfen. Das Planungsgespräch regt die Kinder zu Fragestellungen an, ermöglicht es gleichzeitig, ihr Wissen einzubringen und Gesprächsregeln durch Anwendung zu üben. Lehrerinnen und Lehrer sowie die Kinder selbst erfahren auf diese Weise etwas voneinander und können sich besser auf die neue Thematik und die Art und Weise der Bearbeitung vorbereiten. Die so erarbeiteten Schwerpunktthemen oder Fragen sind als jeweils übergeordnete Themenschwerpunkte innerhalb des Lernens an Stationen denkbar; Kurzformen der Formulierung werden dann als Überschriften übernommen.

7. Die Arbeitsaufträge bzw. die Stationen gestalten

Den Schülern werden die Arbeitsaufträge im Klassenzimmer zur Verfügung gestellt; sie sollen selbstständig und ohne weitere Hinweise bearbeitet werden können. Um diesen Ansprüchen zu genügen, ist eine entsprechende inhaltliche Gestaltung unabdingbar. Alles, was wir bisher in einem Arbeitsauftrag verbal erklären, muss nun aus sich selbst verständlich sein:

Dieser Anspruch bezieht sich auf Zeichnungen, Bilder, Piktogramme und selbstverständlich Beschreibungen in Textform. Auch Versuchsaufbauten, die den Kindern z. B. aus einer einführenden Demonstrationsphase bekannt sind, sind aus meiner Sicht hier einzuordnen, da sie sich durch die schon vorhandene Einsicht oder durch das Erinnern an zuvor gemachte Beobachtungen selbst erklären sollen.

Das Material muss im Sinne der Vorbildwirkung sorgfältig hergestellt sein und auch ästhetischen Ansprüchen genügen. Die bereitgestellten Aufgaben sollten Möglichkeiten der Selbstkontrolle beinhalten (siehe hierzu auch → Erfolgskontrolle/Leistungsbeurteilung).

Bereits bekannte Materialien einsetzen

Zum Beispiel kann mit den Kindern vereinbart werden, dass eine auf ein Blatt aufgeklebte oder kopierte Aufgabe bedeutet: Suche den Text oder die Aufgabe im Buch und bearbeite sie.

Der Umgang mit Kartenspielen, Legespielen, Würfelspielen, der Lernmaschine u. Ä. ist den Kindern bereits geläufig und erscheint im neuen Zusammenhang, nur mit anderen Inhalten gekoppelt (siehe dazu auch: → Grundlagen für die Gestaltung von Arbeitsstationen). Die oben genannten Arbeitsmittel werden im Weiteren noch detailliert vorgestellt.

Die Bedeutung verwendeter Piktogramme oder Abkürzungen und der daraus folgende Auftrag müssen vorher geklärt sein, wenn sie den Kindern die zu erledigende Aufgabe beschreiben sollen.

Offene Aufgabenstellungen

Eine entsprechende Kennzeichnung zeigt den Kindern, dass offene Aufgabenstellungen und Lösungen zugelassen sind.

Eine Skizze, ein Foto, einen Text ohne weitere Anregung oder z. B. mit einem Fragezeichen zu versehen, kann heißen: Suche dir selbst eine Fragestellung oder Problemstellung zu diesem Arbeitsmittel.

Eine ganze Station *nur* mit einem Fragezeichen zu versehen regt nach meiner Erfahrung vor allem phantasiereiche Kinder an, konstruktiv neue Aufgabenstellungen zu erfinden oder sich selbst offene Problemstellungen zu suchen.

Offene Lernsituationen, die sich selbst zu neuen Aufgabenstellungen entwickeln, sind auch durch das Bereitstellen von Bastelmaterial zu implizieren. Hier wird bei den Kindern durch das Materialangebot und die fehlende Aufgabenstellung freier handelnder Umgang angeregt. Die Einbeziehung ihrer schöpferischen Kräfte wird gefördert.

Kinder erstellen weitere Lern- oder Arbeitsstationen selbst

Viele Kinder arbeiten gerne produktiv und möchten selbst Aufgaben oder Aufgabenstellungen „erfinden". Beim Lernen an Stationen ist dies durch die zeitlich längerfristig orientierte Anlage problemlos möglich. Gelegentlich bieten Kinder von sich aus (weil sie es beim Stationenlernen gewohnt sind oder werden) die Erarbeitung weiterer Lernstationen oder Übungsmöglichkeiten an.

Falls dazu wertvolles Material notwendig ist, lasse ich dazu von den Kindern Vorlagen erstellen, die ich in die entsprechende Reinform auf das Material übertrage (z. B. Legespiele), jedoch mit dem Namen des „Erfinders" versehen.

Normale Anweisungen können direkt übernommen werden. Sie entstehen teilweise aus ganz konkreten Situationen, wenn Kinder mit der Art vorgegebener Aufgabenstellung Schwierigkeiten haben. Es ist hilfreich, in solchen

Fällen Verbesserungsvorschläge zu erbitten. Solche Verbesserungsvorschläge münden dann oft in die erwähnte vollständige Neuerstellung durch das Kind selbst.

Verständliche schriftliche Anweisungen

Schriftliche Anweisungen müssen verständlich sein. Sie sind dann gut, wenn keine weiteren Erklärungen erforderlich sind. Die tägliche Praxis sieht im Gegensatz dazu häufig anders aus: Wir stellen den Kindern schriftliche Arbeitsaufträge zur Verfügung. Sie werden von einem Kind nochmals vorgelesen, unter Umständen auch nochmals erklärt. Wir wundern uns dann, dass die Kinder schriftliche Aufträge nie selbst genau lesen. Möglicherweise sind das die Ursachen dafür. Die Notwendigkeit, einen schriftlichen Auftrag genau zu lesen und zu versuchen, ihn auch zu verstehen, entfällt, wenn die Erklärung dazu zu irgendeinem Zeitpunkt doch noch folgt. Rückfragen an die Kinder, ab welcher Stelle sie z. B. die Anweisung nicht mehr verstehen, zwingt sie zu einer intensiveren Auseinandersetzung mit dem Text und gibt gleichzeitig der Lehrkraft Hinweise auf Verbesserungsvorschläge beim Verfassen von Arbeitsaufträgen.

Das Lernen an Stationen lebt zu einem bestimmten Maße auch davon, dass für unterschiedliche Inhalte immer wieder bereits bekannte, also alte „Verpackungen" gewählt werden. Diese müssen dann bei nochmaliger Verwendung im Zusammenhang mit einem neuen Inhalt nicht mehr erklärt werden. Eine Erklärung ist wirklich nicht mehr notwendig, wenn die Kinder den Sachverhalt oder die Organisationsform kennen oder können. Falls sie „es" nicht kennen oder können, ist die oben erwähnte Aussage nicht in Ordnung.

Bekanntes und Neues sinnvoll mischen

Zwischenzeitlich könnte der Eindruck entstanden sein, dass den Kindern alles schon bekannt sein soll. Wenn Kinder „Verpackungen" kennen, müssen sie im Rahmen neuer Inhaltszusammenhänge nicht neu erklärt werden. Durch die Trennung von „Verpackung" und Inhalt wird die Bearbeitung der neuen Inhalte oder Anwendungen erleichtert. Selbstverständlich können auch immer wieder neue Arbeitsformen und Medien mit eingeführt werden. Es bleibt nur die Überlegung, ob diese Neuigkeiten auch immer zu Beginn eines Stationenbetriebes im Klassenverband vorgestellt werden sollen. Einfachen Erklärungen stimme ich gerne zu, wobei sich dann gleich die Frage stellt, ob einfache Erklärungen überhaupt notwendig sind. Ansonsten ist aus meiner Sicht eine „stille" Einführung neuer Arbeitsmittel oder Spiele sinnvoller. Interessierte Kinder werden auf Wunsch mit dem neuen Arbeitsmittel vertraut gemacht.

Häufig übernehmen sie dann anschließend gerne die Multiplikatorenfunktion. In diesem Zusammenhang ist die Einführung neuer Lernmittel eher über einzelne Schüler oder Schülergruppen zu ermöglichen. Leistungsschwächere Schüler werden dadurch in „Führungspositionen" gebracht. Sie lernen während der Arbeit an Stationen oder auch z. B. in Stützkursen neue Arbeitsverfahren, Spielabläufe o. Ä. kennen, die sie dann im Bedarfsfall an ihre Mitschüler weitergeben.

Unterschiedliche Zugänge anregen

Neue, sowie zu vertiefende Arbeiten und Inhalte können grundsätzlich auf unterschiedliche Arten erledigt werden. Oberstes Ziel ist, dass ein Kind anschließend höhere Fertigkeiten, vertiefte Einsichten oder mehr Wissen besitzt. Um dies zu erreichen, sollten unter Berücksichtigung der unterschiedlichen Eingangskanäle und Darstellungsebenen unterschiedliche Zugänge bzw. Umformungen in andere Darstellungsebenen angeboten werden.

Solche Zugänge können u. a. sein

- *Handlungen* (Versuche u. Ä.), die Erkenntnisse und Erfahrungen ermöglichen und durch Anregungen auch reflektieren lassen. Nur Handeln ist für mich oft nur sinnloses Hantieren. Verbunden mit einer Reflexion, dem Bewusstmachen, wird die Handlung verinnerlicht und damit im Sinne Piagets zum Denken.
- In Handlungen erlebte oder in Texten dargestellte Sachverhalte *zeichnerisch darstellen*.
- In Handlungen erlebte oder in Bildern dargestellte Sachverhalte durch Texte beschreiben, *in Texte umsetzen*.
- Sachverhalte in Textform oder in bildlichen Darstellungen in einem *Rollenspiel* darstellen.
- Größere Texte oder sonstige Sachverhalte *in eigenen Worten oder/und als verkürzten Text darstellen*.
- Eine *Dokumentation* (Wandzeitung, Plakat, Foto, Video o. Ä.) fertigen.

Qualitative Differenzierung berücksichtigen

Unter diesem Inhaltsaspekt werden zum Teil nochmals unterschiedliche Gesichtspunkte zusammengefasst, die zuvor schon angesprochen wurden oder im folgenden Punkt „Hilfen anbieten" nochmals ausführlicher erwähnt werden. Qualitative Differenzierung ist hier überwiegend als Gegensatz zu einer quantitativen Differenzierung zu sehen, die sich häufig in den Worten „Wer fertig ist, der macht noch" erkennen lässt.

▦ *Produzierende Arbeiten anregen:*
Im Gegensatz zu meist reproduzierenden Aufgaben, die in sehr vielen
Büchern überwiegend angeboten werden, könnten entsprechende Aufträge sein:
- Stelle in anderer Form dar!
- Male ein Bild dazu!
- Schreibe in deinen Worten!
- Erfinde selbst solche Aufgaben!
- Finde selbst unterschiedliche Darstellungen!
- Finde unterschiedliche Lösungswege!
- Erstelle – baue – stelle her ...! usw.

▦ *Vorgegebene Inhalte/Lösungen nachvollziehen:*
Mögliche Anweisungen sind:
- Löse die Aufgabe genauso!
- Lies den Text durch!
- Führe den Versuch ebenso durch! usw.

▦ *Einzelteile oder „Passendes" richtig zusammenfügen:*
In diesem Zusammenhang ist es notwendig, unterschiedliche Darstellungsformen, mehrere Lösungen, Textteile, Aufgabenteile, Lösungsteile usw.
vorzugeben. Die Kinder wissen auf der Grundlage ihrer bisherigen Erfahrungen, wie sie mit solchen Angeboten zu verfahren haben, oder erhalten
z. B. folgende mögliche Aufforderungen:
- Ordne Text und Bild richtig zu!
- Füge die Einzelteile richtig zusammen!
- Ordne passende Begriffe zu!
- Suche jeweils richtige Lösungen und ordne zu! usw.

▦ *Selbst gestalten:*
Den Kindern soll Vertrauen in ihre eigenen Gestaltungsmöglichkeiten
gegeben werden, die auch dann akzeptiert werden sollten, wenn sie unseren Anforderungen noch nicht entsprechen. Mit folgenden Aussagen kann
dies angeregt werden:
- Gestalte Berichte, Lösungen, Darstellungen in deiner Form!
- Stelle Inhalte in deiner Form dar!
- Stelle etwas „Passendes" her!

Hilfen anbieten

Beim Üben und selbstständigen Erarbeiten neuer Inhalte und beim Bearbeiten von Aufgaben aus Vorlagen oder Buchseiten stoßen die Kinder unter Umständen auf Inhalte und Verfahren, die sie noch nicht ohne Hilfe bewältigen. Dieser Sachverhalt trifft auch auf sehr viele Übungen und Aufgabenstellungen im traditionellen Unterricht zu, die den Kindern aufgetragen werden, obwohl sie es noch gar nicht können. Die Folgen sind, dass die Kinder bei anderen abschreiben oder sich dort Hilfen holen oder sich an die Lehrkraft wenden. Dort erhalten sie jedoch selten echte Hilfe oder Beratung, sondern Hinweise oder Direktiven, die sich beschränken auf Angaben, wie sie beginnen oder weiterarbeiten sollen. Ein Ergebnis lässt sich damit üblicherweise schon erreichen, ein Lernfortschritt jedoch äußerst selten oder nicht.

Ein Angebot vieler, selbst unterschiedlich eingekleideter Aufgaben kann ohne echte Bearbeitungshilfen wiederum nur „mechanische" Fertigkeiten unterstützen und hervorbringen. Um Lern- und Denkprozesse weiterzubringen, sind echte Hilfen, also Anregungen unabdingbar. Damit werden die Kinder angeregt, etwas anderes als ihr bisheriges, nicht weiterführendes Tun, zu beginnen.

Hilfen sollten weiterführende *Anregungen* sein, z. B.

- Anregungen zu anderen Betrachtungsmöglichkeiten;
- Anregungen für andere Sichtweisen;
- Anregungen für andere Darstellungsformen (brunersche Ebenen siehe Seite 86);
- Anregungen durch Hinweise auf unterschiedliche Bearbeitungsschritte;
- Anregungen durch Verweise auf früher gelernte Verfahren oder Sachverhalte, die Lösungsvoraussetzungen darstellen;
- Anregungen durch Verweise auf Schulbücher oder andere Medien, denen Hilfen entnommen werden können;
- Anregungen, Probleme in Teilprobleme zu zerlegen;
- Anregungen, Aufgaben in Teilaufgaben aufzuspalten;
- Anregungen für die mögliche äußere Gestaltung;
- Anregungen für ...
- Anregungen, die auf den *Lernweg* gerichtet sind, nicht nur auf das zu erzielende Ergebnis.

Zwei Leitgedanken, die im Unterricht immer, im Zusammenhang mit der Gestaltung von Lernstationen im Besonderen zu berücksichtigen sind:

1. Wie biete ich etwas anderes, einen neuen Zugang o. Ä. an?

Bitte nicht von dem, was die Kinder bisher schon nicht können und nicht gerne machen, immer noch mehr!

2. Welche Hilfe erhält ein Kind, wenn es die von mir gestellte Aufgabe „noch nicht kann"?

Lernhilfen und Lösungshilfen anbieten!
Der Weg erhält neben dem Inhalt wenigstens Gleichrang!

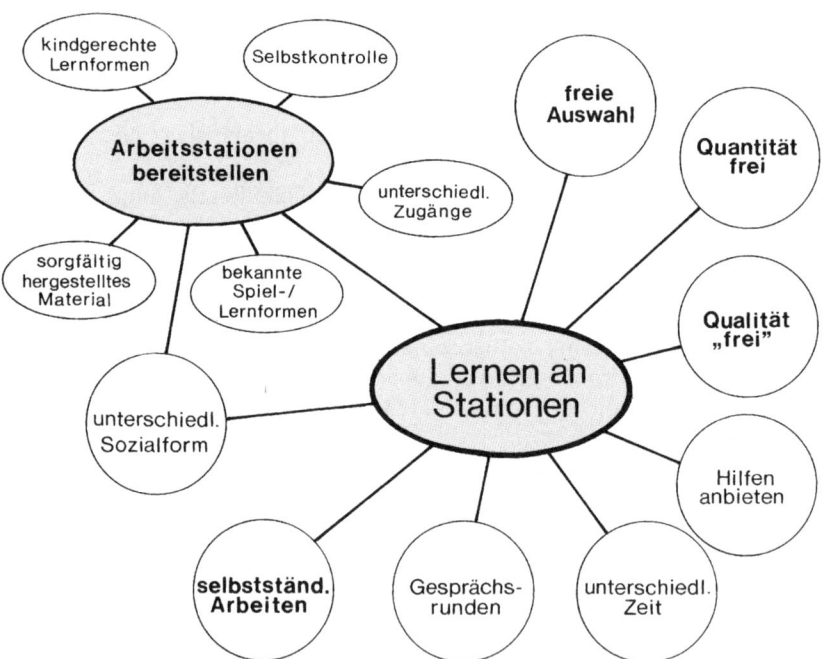

Zusammenfassung

Ansprüche an die Gestaltung von Stationen/ Arbeitsaufträgen

Da diese Aufträge von den Schülern selbstständig und ohne weitere Hinweise bearbeitet werden sollen, müssen sie inhaltlich auch entsprechend gestaltet sein.

a) Alles, was wir bisher in einem Auftrag verbal erklären, muss nun
- aus sich selbst erklärt sein (z. B. Zeichnungen, Bilder, Piktogramme, Beschreibungen usw.) oder
- den Schülern schon bekannt sein, z. B. eine auf ein Blatt aufgeklebte gedruckte Aufgabe bedeutet, dass sie im Buch gesucht und bearbeitet werden muss oder
- der Umgang mit Legespielen oder der Lernmaschine ist bereits bekannt oder
- so gut beschrieben sein, dass weitere Erklärungen nicht mehr notwendig sind.

b) Um Lernen umfassend zu ermöglichen und zu unterstützen, sollten Arbeitsaufträge
- für das Kind z. B. durch Vorgeben von Fragezeichen offene Aufgabenstellungen zulassen;
- das Erstellen weiterer Lern- und Arbeitsstationen durch die Kinder ermöglichen und anregen, z. B. Kopiervorlagen für Legespiele zur Verfügung stellen, Verbesserungsvorschläge der Kinder in die eigene Erstellung münden lassen,
- Bekanntes und Neues sinnvoll mischen;
- unterschiedliche Zugänge anregen, z. B.
  Handlungen ermöglichen und reflektieren lassen,
  zeichnerisch darstellen, in Texte umsetzen,
  Rollenspiele machen,
  verkürzt darstellen,
  Dokumentationen anfertigen;
- qualitative Differenzierung berücksichtigen, z. B.
  produzierendes Arbeiten anregen,
  vorgegebene Inhalte/Lösungen nachvollziehen,
  Einzelteile und „Passendes" zusammenfügen,
  selbst gestalten;
- Hilfen als weiterführende Anregungen anbieten;
- den Lernweg und den Inhalt gleichrangig beachten.

8. Unterschiedliche Arten beim Lernen an Stationen

Ich unterscheide beim Lernen an Stationen vier Arten, die jeweils einen anderen inhaltlichen Ansatz verfolgen.

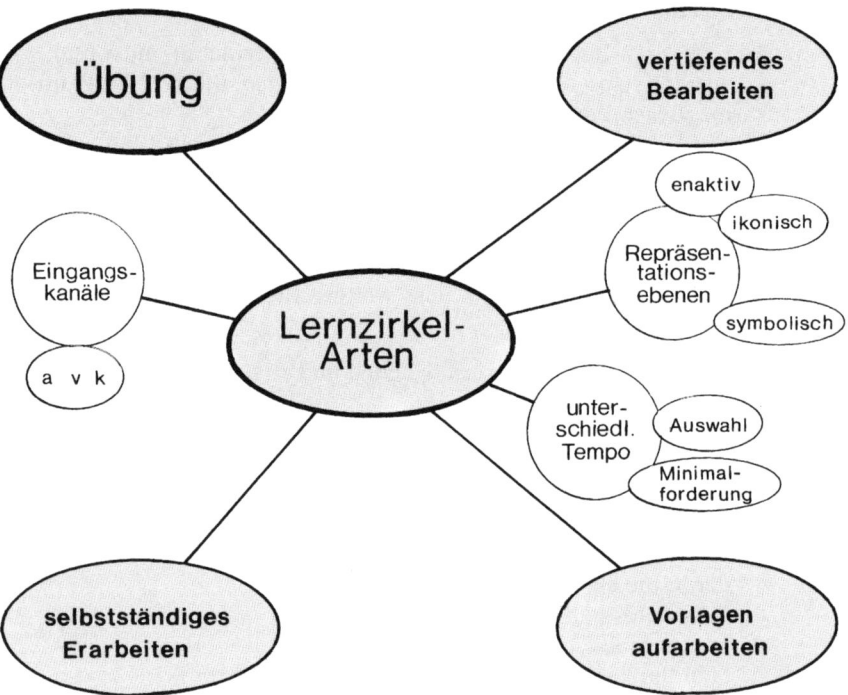

Übungszirkel

Die häufigste Form, in der bisher das Lernen an Stationen intensiver im Unterricht umgesetzt wird, sind Phasen der Übung. Den Kindern werden zu einem bestimmten Thema die Übungsangebote umfassend und komplett angeboten. Meist sind dabei die bisher üblichen Arbeitsweisen bevorzugt, bei denen Kindern in unterschiedlicher Verpackung Aufgaben angeboten werden, die sie lösen sollen. Kopiervorlagen und Aufgaben aus Büchern, sowie Spiele, die sich als versteckte Aufgabensteller anbieten, sind hier vorrangig im Einsatz.

Schwerpunkte mit anderen Betrachtungsweisen und Zugänge helfen mit, die üblichen Übungsphasen zu optimieren. Im Rahmen der Ausführungen zu den Themen „Schwerpunktsetzungen", „unterschiedliche Zugänge" und zum Thema „Gestaltungsmöglichkeiten bei Übungszirkeln" finden Sie dazu weiterführende Hinweise.

Vertiefendes Bearbeiten

Die Kinder werden über übliche Einführungsphasen oder auch nur eine Einführungsstunde an die Thematik herangeführt. Versuche, die bisher als Demonstrationsversuche oder mit der Beteiligung einzelner Kinder durchgeführt wurden, sind hier in gleicher Weise in die Eingangsphase integriert. Anschließend werden sie im Rahmen eines Lernzirkels den Kindern zur jeweiligen eigenen und individuellen Bearbeitung angeboten.

Der große Vorteil liegt hier in der Betonung der Handlungsmöglichkeit für jeden einzelnen Schüler. Auch bei geringer Ausstattung der Schule stehen die erforderlichen Materialien üblicherweise je einmal zur Verfügung und können durch die Aufarbeitung für das Lernen an Stationen trotzdem allen Kindern angeboten werden.

Besonders geeignet für diese Arbeit sind Inhalte aus der Mathematik wie z. B. Größen und Themen aus der Ebenen- und Raumgeometrie, ebenso viele Themen aus dem Sachunterricht, sofern sie den Kindern nicht gleich zur völlig selbstständigen Bearbeitung in einem erarbeitenden Lernzirkel angeboten werden.

Selbstständiges Erarbeiten

Die Kinder erhalten bei dieser Art über Arbeitsangebote die Möglichkeit, sich ein Thema völlig selbstständig zu erarbeiten. Um die Inhalte für die Kinder auf unterschiedlichste Weise interessant und zugänglich zu machen, müssen die Angebote folgenden Gesichtspunkten genügen. Sie sollen zum einen informieren, Spannung und Fragwürdigkeiten aufbauen, den unterschiedlichen Zugangsmöglichkeiten der Kinder entsprechen und für die Kinder noch selbst zu erarbeiten und mitzugestalten sein. Der große Vorteil liegt darin, dass sich bei den Kindern erst im Laufe der Bearbeitung ein Gefühl für den Inhalt entwickeln kann und sollte und damit der Weg neben dem Ziel Gleichrang erhält.

Besonders geeignet ist diese Form meines Erachtens für Inhalte aus dem Sachunterricht, zumal bei vielen dieser Themen nicht eine stofflich geschlossene Struktur, sondern eher eine offene Auseinandersetzung mit dem Lerngegenstand im Mittelpunkt steht. Somit ist „forschender" und entdeckender

Unterricht der entsprechende Hintergrund und gemeinsam mit geschlossenen und offenen Angeboten in die Verantwortung der Kinder gegeben.

Schulbuchseiten oder andere Medien aufarbeiten

Sehr viele Schulbuchseiten berücksichtigen unterschiedliche Schwerpunkte und nicht nur den im Vordergrund stehenden Sachverhalt, vor allem in Mathematik und den Sachfächern. Bei den Aufgabenstellungen müssen meist bisher erworbene Kenntnisse und Fertigkeiten innerhalb eines komplexeren Sachverhalts angewandt werden. Wenn nun all diese im Hintergrund stehenden Anforderungen als Einzelangebote im Rahmen von Lernen an Stationen aufgeschlüsselt angeboten werden, sind mehrere Gesichtspunkte sinnvollen Lernens berücksichtigt:

■ Die Kinder erhalten Informationen darüber, wie sie später auch selbst komplexere Situationen aufschlüsseln können.

■ Durch das Aufschlüsseln komplexer Situationen in einzelne Problemstellungen können die Kinder aktuelle Inhalte in sinnvollen Zusammenhängen üben. Ist der aktuelle Inhalt z. B. das Lösen von Sachaufgaben, sind dabei gleichzeitig Tabellen zu lesen, Längenmaße zu erkennen usw. Es werden mehrere Einzelaufträge erstellt, die die Teilprobleme beleuchten.

■ Die Anwendung vor längerer Zeit erlernter Inhalte oder Verfahrensweisen erlaubt ebenfalls ein wiederholendes Üben in sinnvollen Zusammenhängen. Im Falle der Sachaufgaben müssen Längen gemessen oder berechnet werden, die zu einem früheren Zeitpunkt „behandelt" wurden.

■ Die Aufschlüsselung von komplexeren Inhalten in Detailfragen oder Einzelinhalte ermöglicht mehrperspektivische Zugänge, die sich dann auf mehrere Fächer erstrecken und ebenfalls ein Üben durch Anwenden beinhalten.

■ Das Aufarbeiten von Buchseiten kommt in vielen Bereichen einem projektartigen Arbeiten sehr nahe. Hier können Kinder intensiv in die Auseinandersetzung mit einer Vorlage gebracht werden, wobei der Projektinhalt oder die Projektidee dann der möglichst umfassenden Bearbeitung dieser Vorlage entspricht. Das Herausfinden und Vorbereiten der unterschiedlichen Inhalte und Zugehensweisen ist gemeinsam möglich und kann in den Klassen drei und vier auch bereits als produktive Phase auf die Kinder übertragen werden.

9. Schwerpunkte beim Lernen an Stationen

Bei allen Arten des Lernens an Stationen ist es aus meiner Sicht unabdingbar, dass den Kindern ein Auswahlangebot zur Verfügung gestellt wird. Falls dies nicht der Fall ist, stehen alle bisher schon störenden Aspekte wieder im Vordergrund, z. B. Zeitdruck, Überforderung oder Langeweile, wenig oder einseitige Berücksichtigung der Lerneingangskanäle, Vernachlässigung der Handlungsebene usw. Unterschiedliche Schwerpunkte können bei der Erstellung des Auswahlangebots leitend sein.

Die Lerneingangskanäle berücksichtigen

Für ein derartig orientiertes Lernangebot müssen für möglichst alle Lerntypen Angebote erstellt werden: Angebote zum Betrachten und Lesen, zum Hören und Sprechen, zum handelnden Umgang und vielleicht noch zum Schmecken und zum Riechen.

Wenn ein und dieselbe Aufgabenstellung für unterschiedliche Lerntypen gelten soll, ist eine Bearbeitung auf der

- auditiven Ebene (Hören und Sprechen), der
- visuellen Ebene (Sehen) und der
- kinesthetischen Ebene (Handeln, Bewegen, im weitesten Sinne auch Schmecken und Riechen)

anzustreben (als Erinnerungshilfe: a-v-k-Ebenen).

Bücher, Arbeitsblätter und andere Vorlagen präsentieren sich meist auf der visuellen Ebene. Wenn es allerdings fast nur Dinge zum Sehen gibt, hat ein Kind mit einem ausgeprägten auditiven Lernzugang wenig Chancen, sich optimal auf das Lernen einzulassen. Das Besprechen von Kassetten und Abhören über den Walkman wären immerhin schon Möglichkeiten, auch für dieses Kind die Lernsituationen zu verbessern.

Im Anfangsunterricht erhalten die Kinder oft Angebote, die auch Körpererfahrungen berücksichtigen. Im fortgeschrittenen Alter gelten diese Ansätze traditionell als „kindliche" oder nicht mehr nötige Arbeitsweisen. Für Kinder und Erwachsene, die dem ausgeprägteren kinesthetischen Lerntyp zuzurechnen sind, ermöglichen aber gerade diese „kindlichen Spielformen" ein angemessenes Lernen. Textaufgaben in Rollenspielen aufzuarbeiten und darzustellen, statt sie einfach auf der symbolischen Ebene mit Zahlen und Buchstaben zu lösen, entsprechen den Lerngewohnheiten und Lernmöglichkeiten dieser Menschen eher.

Die brunerschen Repräsentationsebenen berücksichtigen

Nach Jerome Bruner (1975) durchläuft ein Mensch beim Lernen drei Ebenen, auf denen er jeweils Einsicht erreicht:

- die *enaktive* Ebene (Handlungsebene),
- die *ikonische* Ebene (zeichnerisch/bildliche Darstellung),
- die *symbolische* Ebene (Darstellung mit Hilfe von Symbolen, also Buchstaben, Zahlen und Rechenzeichen).

Diese Ebenen sind z. B. auch bei jedem naturwissenschaftlichen Unterricht in dieser aufbauenden Stufenfolge zu beachten:

- der Versuch als enaktive Ebene,
- die dazugehörende Zeichnung oder Skizze, die den Versuch oder Strukturen darstellt, als ikonische Ebene,
- die Notation eines Ergebnissatzes oder einer Formel, was dann der symbolischen Ebene entspricht.

Nach Bruner ist ein Fortschritt im Lernprozess üblicherweise erst möglich, wenn diese Stufen der Reihe nach durchlaufen werden und in der jeweiligen Stufe ein Verständnis entwickelt wurde.

Gute Einführungsstunden berücksichtigen diese Stufenfolge fast immer. Die Handlungsebene wird als Versuch, Rollenspiel o. Ä., die ikonische Ebene als Bild oder Skizze, die an der Tafel oder im Heft festgehalten werden, und die Symbolik in Form eines Textes, Ergebnissatzes oder einer Formel eingebracht.

Nach der Einführungsstunde steht jedoch häufig nur noch der entsprechende Lehr- oder Merksatz oder eine formelhafte Darstellung im Blickfeld weiterer Arbeit. Die Übung und Vertiefung ist überwiegend oder ausschließlich auf dieser symbolischen Ebene angesiedelt. In solchen Fällen erhält dann der a. a. O. erwähnte Satz von Horst Speichert seine tiefe Begründung: „Fünfzigmal geübt und dabei an …??? gedacht, die Un-Kenntnis bleibt unberührt, es hat ihr gar nichts ausgemacht."

Solange ein Kind auf der Handlungsebene und der zeichnerischen Ebene keine Einsicht erworben hat, kann das Üben auf der symbolischen Ebene lediglich mechanische Fertigkeiten schulen.

Bücher, Arbeitsblätter und sonstige Druckerzeugnisse können sich nur auf der ikonischen oder symbolischen Ebene entfalten, sie können allerdings, genauso wie wir mit entsprechenden Arbeitsanweisungen, die Handlungsebene anregen oder gar einfordern. Solche Elemente sind bei der Gestaltung von Arbeitsanweisungen schwerpunktmäßig zu berücksichtigen und beim Lernen an Stationen auch organisatorisch leicht in Handlungen umsetzbar.

Das unterschiedliche Arbeitstempo berücksichtigen

Das vorhandene unterschiedliche Arbeitstempo erfordert unterschiedlich umfangreiche Angebote. Es geht dabei nicht nur um die Anzahl zu erledigender Aufgaben, sondern um die Möglichkeit der intensiven Auseinandersetzung. „Langsamere" Kinder erfahren z. B. dadurch Unterstützung, dass sie Lernstationen bearbeiten können, bei denen sie nicht alles aufschreiben, aber z. B. vorgefertigte Teile richtig zusammenfügen können. Das Ergebnis ist dann für zwei unterschiedlich arbeitende Kinder trotzdem gleich, wenn sich ein Kind den Sachverhalt selbst aufzeichnet oder beschreibt, ein anderes Kind jedoch „nur" Textteile und Teildarstellungen richtig aneinander fügt. Was ein Kind dabei lernt, muss es später in beiden Fällen sowieso über eine Leistungskontrolle in Form eines Tests o. Ä. unter Beweis stellen.

Die Festlegung einer Minimalanforderung berücksichtigt dann die Leistungsfähigkeit eines schwachen oder langsam arbeitenden Kindes. Das Maximalangebot, interessant gestaltet, stellt die obere Grenze der Bandbreite innerhalb der Klasse dar, sowohl auf der Leistungsebene als auch auf der Wissensebene.

Nur kurzfristig werden sich Kinder im Rahmen dieser Offenheit unterhalb ihrer individuellen Möglichkeiten beschäftigen und wohl fühlen. Kinder zeigen gerne Leistungen und loten ihre Leistungsgrenzen aus.

Zusammenfassung

Unterschiedliche Arten von Lernzirkeln

Ich unterscheide vier Arten von Lernzirkeln nach den Zielen:

- *Übungszirkel:*
  Übungsangebote zu einem Thema werden umfassend und „komplett" angeboten. Durch Schwerpunkte und die Betrachtung der Lerneingangskanäle werden jeweils adäquate Übungsmöglichkeiten angestrebt.

- *Vertiefendes Bearbeiten neuer Inhalte:*
  Nach üblichen Einführungsphasen erhalten die Kinder in Anlehnung an die Einführungsphase die Möglichkeit, zuvor gesehene und durch Anschauung erlebte Handlungen selbst durchzuführen und entsprechende Erfahrungen zu machen.

■ *Selbstständiges Erarbeiten neuer Inhalte:*
Die Angebote geben den Kindern Möglichkeiten, sich auf unterschiedliche Weise neue Inhalte selbstständig zu erarbeiten.

■ *Vorlagen/Schulbuchseiten aufarbeiten:*
Die Angebote ermöglichen unter Berücksichtigung der in einer Vorlage oder Schulbuchseite enthaltenen Schwerpunktgebiete eine umfassende Auseinandersetzung mit Berücksichtigung vieler Aspekte des Übens durch Anwenden.

Wichtig ist bei allen Arten, dass den Kindern ein Auswahlangebot zur Verfügung gestellt wird, dabei können unterschiedliche Schwerpunkte leitend sein:

Schwerpunkte beim Stationenlernen

■ *Die Lerneingangskanäle*
Angebote mit Berücksichtigung der unterschiedlichen Lerntypen bzw. Lerneingangskanäle,
also zum
– Hören,
– Betrachten/Lesen,
– handelnden Umgang,
– eventuell Riechen/Schmecken

(auditiv – visuell – kinesthetisch /a-v-k)

■ *Die Brunerschen Repräsentationsebenen*
– Handlungsebene (enaktiv)
– bildnerische/zeichnerische Ebene (ikonisch)
– Schreiben/Lesen (symbolisch)
und der aufbauenden Folge dieser Ebenen

■ *Das unterschiedliche Arbeitstempo*
– durch unterschiedliche Angebote
– durch angemessene Minimalforderung und Auswahlmöglichkeiten
– durch entsprechendes Maximalangebot

10. Grundlagen für die Gestaltung von Arbeitsstationen

An die Einführungsphase anlehnen GS Steinbeck
21244 Buchholz

Einführungsphasen beachten in der Regel viele Gesichtspunkte, die den neuen Lernstoff umfassend betrachten und berücksichtigen. Die Repräsentationsebenen (enaktiv, ikonisch, symbolisch) sind normalerweise in den Ablauf einer Einführungsstunde oder Einführungsphase ebenso integriert wie die Beachtung unterschiedlicher Lerneingangskanäle (Möglichkeiten zum Sehen, Hören, Tun, Überlegen, eventuell noch Riechen und Schmecken).

Daher eignen sich solche Einführungsphasen sehr gut als Grundraster für die Erstellung der Struktur eines Lernzirkels. Die einzelnen Tätigkeiten, Versuche,

Erklärungen, Beobachtungen, Schlussfolgerungen und Festlegungen wiederum bilden die Grundlage für einzelne Arbeitsstationen.

Zwei zentrale Fragestellungen helfen bei der Festlegung und Gestaltung einzelner Lern- und Arbeitsstationen: *Wie können* die einzelnen Entdeckungen, Verfahren, Beobachtungen usw. aus der Einführungsphase *durch einzelne Kinder* (nochmals) *gemacht werden?* Wie können die Inhalte von einzelnen Kindern nochmals *erlebt, aufgenommen, vernetzt* und *verarbeitet* werden?

Damit sind die Grundlagen für die einzelnen Lernstationen aus der Einführungsphase gebildet und gelegt. Sie müssen „nur noch" in Arbeitsaufträge umgesetzt werden.

Lernkarteien oder Ähnliches verwenden

Lernkarteien für das Fach Mathematik sind häufig auf Übungen ausgerichtet. Nur im Zusammenhang mit Karteien zu den Größen und in geringem Umfang zu Sachaufgaben sind mir bisher Karteikarten begegnet, die den Materialien aus dem Sachunterricht und dem Sprachbereich gleichzusetzen sind.

In dem vorliegenden Zusammenhang, Grundlagen für die Erstellung von Lernstationen, ist vorrangig an Lernkarteien und sonstige Materialien gedacht, die selbstständiges und vor allem entdeckendes Arbeiten für die Kinder ermöglichen. Sie werden von einigen Verlagen angeboten. Einige seien hier aufgezählt, jedoch ohne Wertung und Rangfolge:

- Cornelsen Sachkartei
- Cornelsen Schreibkartei
- Karteikarten aus der Zeitschrift „Praxis Grundschule"
- Karteikarten aus der Zeitschrift „Bausteine Grundschule"
- Sachkartei und Europa-Kartei aus dem Verlag Elke Dieck
- Westermann Sachkartei und Schreibkartei
- Klett Bildergeschichten-Kartei, Sachkartei und Kartei „Versuchs doch mal" usw.

Zum Teil können die einzelnen Karten aus Lernkarteien direkt als einzelne Lernstationen eingesetzt werden. Dann ist in der Regel nur noch das entsprechende (meist genau beschriebene) Material zuzuordnen und beizulegen. Bei der Cornelsen-Sachkartei stehen sogar fertige Materialkästen zur Verfügung, die genau das auf den Karten beschriebene Material beinhalten und damit in sich bereits einen (fast) vollständigen Stationen-Betrieb bzw. fertige Einzelstationen bereithalten.

Häufig sind die einzelnen Karten jedoch durch zu viele Informationen überladen oder enthalten zu wenige konkrete Fragestellungen. Selten entsprechen jedenfalls die Fragestellungen und Hinweise zur Bearbeitung und Ergebnissicherung allen Vorstellungen einzelner Lehrerinnen und Lehrer. Dann sind diese Karteikarten eine ideale Fundgrube und Grundlage für die Gestaltung eigener Aufträge bzw. für eine anpassende Umgestaltung. Bilder, Texte und einzelne Arbeitsaufträge ergeben dann neu zusammengestellt für die Klasse und für die Lehrkraft jeweils „passgenaue" Arbeitsaufträge.

Als Beispiel sei hier eine Musterkarte zum Thema „Luft" aus der Cornelsen-Sachkartei abgebildet (s. S. 93). Die handschriftliche Karteikarte entspricht dem „Original", der Urfassung, die an der Schallenberg-Grundschule in Aidlingen gefertigt und eingesetzt wurde, daneben die Fassung aus der Lernkartei. Es sind dort auf der Seite dieselben Sachverhalte und Angaben vorzufinden wie auf dem Original. Eine gute Arbeitskartei als Vorlage erspart der Lehrkraft bei ihrer Vorbereitung also viel Arbeit. In dem vorliegenden Fall könnte man die gedruckte Karteikarte auch jeweils halbseitig abdecken, mit dem Kopierer vergrößern und als zwei Stationen anbieten.

Falls Arbeitsaufträge für „schriftliches Festhalten" auf der Karte bereits formuliert sind, ist es erforderlich, die Schüler über einen (wie auch immer gearteten) Hinweis auf das „Wie" und „Wohin" aufmerksam zu machen.

Arbeitshefte oder ähnliche Quellen aufarbeiten

Die Klassenbibliothek aus dem Cornelsen-Verlag und andere ähnlich gestaltete Arbeitshefte arbeiten viele Themen aus dem Sachunterricht meist unter Berücksichtigung ganzheitlicher Betrachtungsweisen umfassend auf. Daher bieten sie sich als Grundlage für Arbeitsaufträge zum selbstständigen Erarbeiten sehr gut an.

Folgende Bearbeitungshinweise können dabei neben der Inhaltsangabe leitend sein und bieten sich als „Grundmuster" an:

- auf unterschiedlichen Ebenen Informationen verarbeiten;
- den Gegenstand mit allen Sinnen erfahren;
- zeichnen – beschriften – zusammenfügen;
- Einzelteile kennenlernen und zuordnen;
- eigene Fragen aufschreiben und beantworten;
- den Gegenstand „geschichtlich" hinterfragen;
- den Nutzen des Gegenstands herausfinden;
- die Herstellungsweise des Gegenstands erfahren;
- Hegen, Pflegen und Vermehrung von Lebewesen erkunden;
- mit dem Gegenstand (Baustoffe, Holz o. Ä.) gestalten;
- Verbindungen zur Symbolik erfragen;
- Bilder, Geschichten, Gedichte, Texte, Lieder hinzuziehen.

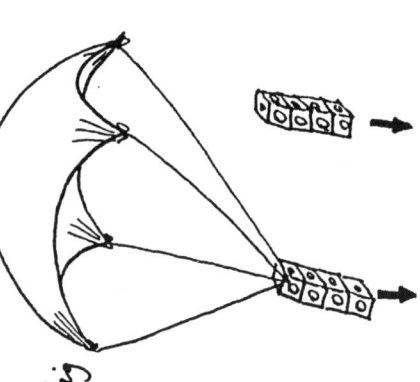

Luft kann bremsen

Du brauchst : 1 Tuch
Schnur
Stecknadel

Aufgabe : Baue zwei gleich große Türme.
Binde an alle 4 Ecken des Tuches
ein Stück Schnur und hänge
einen Turm daran.
Lass beide Türme gleichzeitig
von weit oben herunterfallen.
Gibt es einen Unterschied?

Schreibe auf, was du entdeckt hast.

Luft bremst und bietet Widerstand (1)

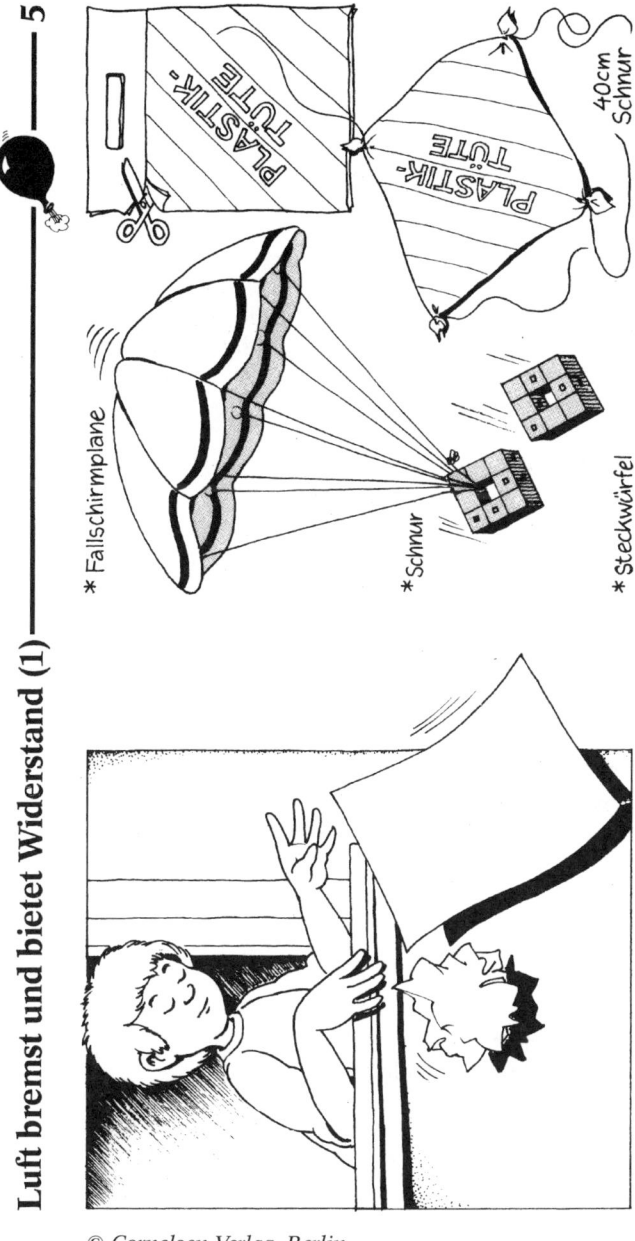

* Fallschirmplane

* Schnur

* Steckwürfel

PLASTIK-TÜTE

PLASTIK-TÜTE

40cm Schnur

1. Nimm zwei gleich große Papierblätter. Knülle eins davon zu einer Kugel. Lass sie gleichzeitig von weit oben fallen.
   ▪ Dein Partner misst die Zeit.
   ▪ Zeichne und schreibe auf, was du erfahren hast.

2. Suche zwei gleich große und gleich schwere Gegenstände (Steckwürfel, Bauklötze ...).
   Hänge einen davon an den Fallschirm.
   ▪ Lass gleichzeitig beide von weit oben fallen.
   ▪ Schreibe auf, was du beobachtet hast.

Am Beispiel eines Themenhefts zu „Kartoffel" kann die Umsetzung in Lernstationen verdeutlicht werden. Vergleichen Sie das Inhaltsverzeichnis des entsprechenden Themenheftes aus der Cornelsen-Klassenbibliothek mit der Grobgliederung der von Petra Prigl, Gartenstraßen-Schule Sindelfingen, erstellten Lernstationen.

Grobgliederung der Lernstationen (Petra Prigl)

1. Die Kartoffelpflanze
2. Fragen zur Kartoffel
3. Kartoffelanbau und Kartoffelernte
4. Die Geschichte der Kartoffel (Wie sie nach Europa kam)
5. Kartoffel mit allen Sinnen (Sehen, Riechen, Tasten, Fühlen, Schmecken)
6. Verwendung der Kartoffel (Kartoffelgerichte, „Lieblingszubereitung")
7. Kartoffeldruck (Herstellen und Gestalten)
8. Geschichten zur Kartoffel
9. Schwierige Wörter zur Kartoffel

Die Kartoffel – eine köstliche Knolle (Hans Mozer)

2	Die Kartoffel kommt auf den Tisch
3	Viele Fragen zur Kartoffel
4	Wie die Kartoffeln nach Europa kamen
6	Wie sieht die Kartoffelpflanze aus?
7	Steckbrief von Irmgard und Sieglinde
8	Kartoffeln im Schulgarten
10	Kartoffelernte früher und heute
12	Kartoffelreise
14	Kartoffeln im Turm
16	Kartoffelsalat
17	Kartoffelsuppe
18	Kartoffelgerichte aus der Fabrik
19	Der Kartoffelkäfer
20	Gebratene Steine
21	Loblied auf die Kartoffel
22	Allerlei zum Nachdenken, Spielen, Erkunden, Aufschreiben und Gestalten

(Differix Klassenbibliothek, Cornelsen Verlag, Berlin 1989)

Unterschiedliche Materialien verwenden

Die Kinder gehen gerne mit Materialien um, bei denen sie etwas bewegen können, in spielerischer Form Legefiguren zusammenpuzzeln, mit Karten spielen, Karten strukturiert legen usw., bei denen sie vor allem aber nicht schreiben müssen. Dafür bieten sich sowohl fertige als auch Blankomaterialien an.

Fertige Materialien

Von den Kindern meist begehrt sind die „Paletti-Materialien" (Spektra-Verlag, Dorsten), die „LÜK-Materialien" (Westermann Verlag, Braunschweig) sowie Stecktafeln jeder Art (z. B. Stecktafeln Mathematik, Cornelsen Verlag, Berlin). Fertige Materialien sind zwar sofort einsatzfähig, meist jedoch nicht ganz „passend", selten veränderbar und häufig auch relativ teuer.

Blankomaterialien

Blankomaterialien gibt es aus vielen Verlagen, die meisten mit ähnlichen Grundstrukturen, jedoch unterschiedlich im Aussehen. Um den Einsatz und die Verwendung klar aufzuzeigen, sind überwiegend Blankomaterialien aus dem Hail-Verlag, Reutlingen vorgestellt.

Im Zusammenhang mit dem Lernen von Begriffen oder Inhalten, auch zu Übungszwecken, werden derartige Materialien gestaltet. Entscheidend ist, dass im Rahmen eines Inhaltsgebiets beim Lernen an Stationen jeweils nur ein Exemplar dieser Materialien gestaltet und bereitgestellt werden muss.

Die „Lernmaschine"

Sie ermöglicht, von dem eingesetzten Stapel mit beschrifteten Kärtchen jeweils die unterste Karte herauszuziehen, zu lesen und zu „bearbeiten", eine Antwort zu geben. Danach wird die bearbeitete Karte wieder oben auf den Stapel gelegt.

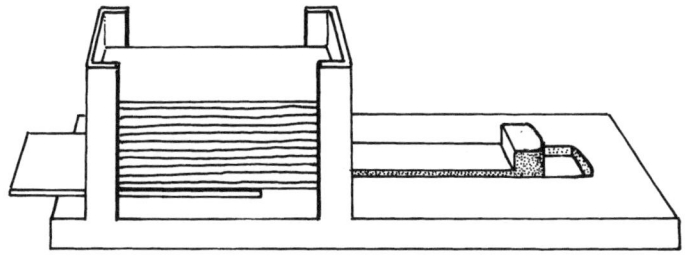

Diese Maschine (z. B. Hail-Verlag, Reutlingen) wurde ursprünglich für den Erstleseunterricht konzipiert. Für die Kinder hat sie einen hohen Aufforderungscharakter. Der Umgang mit einem bewegbaren Apparat, die motorische Handlungsform, der Überraschungsreiz, welches Kärtchen nach dem Schieben erscheint, die Befriedigung der Egozentrik durch ein Tun, das sich von dem anderer unterscheidet, und die Selbstständigkeit führen zu hochmotivierten Aktionen. (Meine eigenen Kinder haben diese Lernmaschine auch nach der Grundschule noch gerne zum Vokabellernen benutzt.)

Sie eignen sich neben der ursprünglich vorgesehenen Verwendung hervorragend für alle Arten von Zuordnungen. Immer dann, wenn z. B.

- einer Aufgabe ein eindeutiges Ergebnis,
- einem Begriff ein Oberbegriff,
- einem Fremdwort eine Erklärung

usw. zuzuordnen sind. Dann können die einzelnen Pappstreifen dieser Maschine beidseitig beschriftet werden, auf der Vorderseite mit dem zu lernenden Inhalt, auf der Rückseite mit dem Ergebnis, was gleichzeitig der Ergebniskontrolle (in Form von Selbstkontrolle) dient.

Die Lernmaschine kann man gut einsetzen beim
- Begriffe-Lernen (Bild und Begriff-Darstellung)
- Zuordnen von Begriffen (Oberbegriffe finden, Zuordnungen vornehmen, z. B. bei Gewicht und Portozuordnung),
- isolierten Üben,
- Kopfrechnen,
- Zuordnen unterschiedlicher Darstellungen (Zahldarstellungen als Punktmenge, Stellenschreibweise usw.).

Für neue Inhalte steht die „Lernmaschine" nach dem Austausch der Kärtchen wieder als Lernstation zur Verfügung.

Legespiele

Damit sind alle Arten von Spielen gemeint, bei denen einzelne beschriftete Teile inhaltlich richtig aneinander gefügt werden. Legespiele sind ebenso wie die Lernmaschinen für alle eindeutigen Zuordnungen geeignet. Sie können so eingesetzt werden, wie es bei der Lernmaschine bereits beschrieben ist.

In der Regel entstehen bei den Legespielen Dominostreifen, Puzzle oder sonstige regelmäßige oder unregelmäßige geometrische Figuren oder Formdarstellungen. Die entstandenen Figuren sind aus meiner Sicht jedoch nur dann sinnvoll, wenn sie für die Kinder als sinnvolle Figur identifizierbar sind, denn nur dann können sie für die Kinder ihre Selbstkontrollmöglichkeit entfalten. Von der äußeren Form sind die Puzzle, Domino, Memory, Pappset, Schneckenpuzzle usw. unterschiedlich, vom Ansatz her jedoch alle gleich. Allerdings werden durch die Bereitstellung mehrerer unterschiedlicher Materialien auch mehr Kinder mit unterschiedlichen Interessen angesprochen. In den folgenden Darstellungen ist je ein Exemplar als Beispiel angegeben.

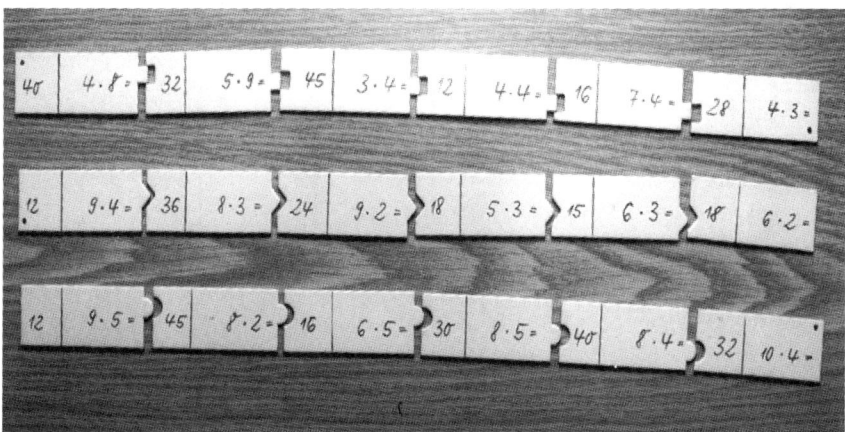

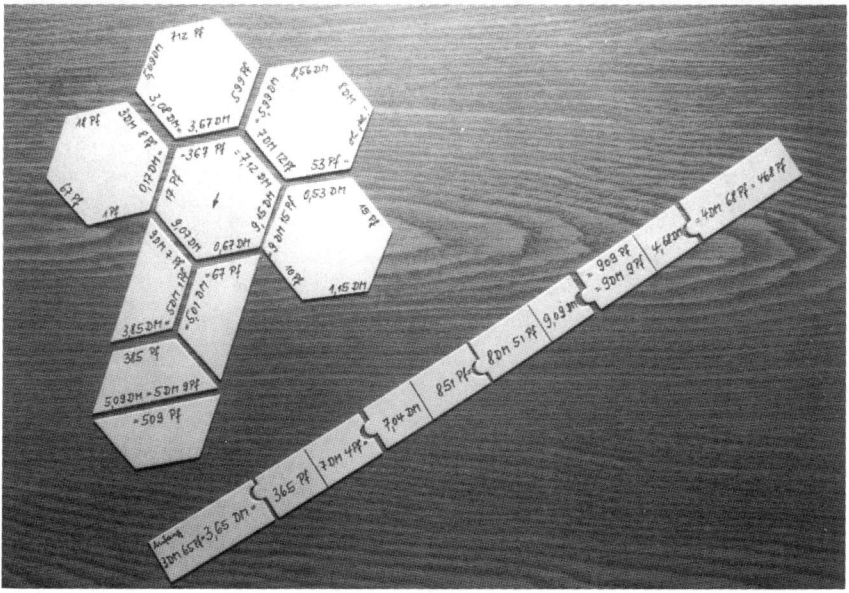

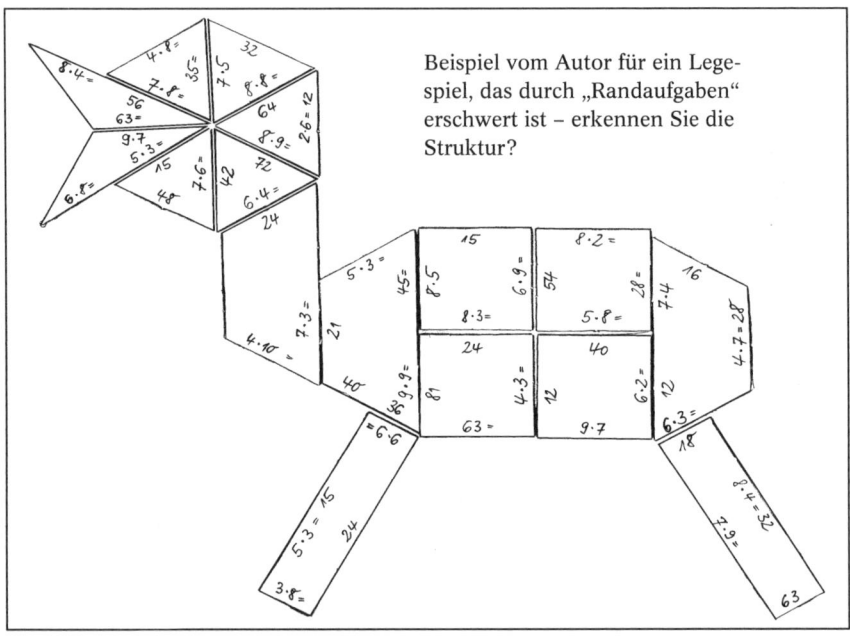

Beispiel vom Autor für ein Lege-
spiel, das durch „Randaufgaben"
erschwert ist – erkennen Sie die
Struktur?

„Handwerkliche" Hinweise

Die Beschriftung der Einzelteile erfolgt am besten mit Tusche oder einem wasserfesten Folienstift.

Um den Kindern ein Vorsortieren zu erleichtern, ist es sehr sinnvoll, die Einzelteile jeweils so zu beschriften, dass die Schrift nach unten ausgerichtet ist. Zum einen sind die Aufschriebe dadurch besser lesbar, gleichzeitig lassen sich die einzelnen Kärtchen dadurch vor dem Zusammenlegen einzeln in etwa in die später richtige Lage vorsortieren.

Beispiel für das Beschriften des Einzelteils:

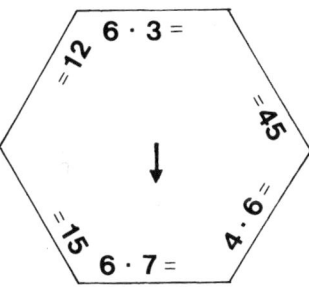

Diese Beschriftung erschwert richtige Zuordnungen:

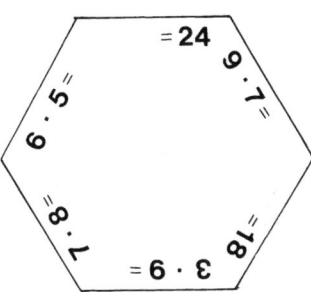

So liegt ein „richtig" beschriftetes Kärtchen nach unten ausgerichtet zur „Weiterverarbeitung", Anlegen an ein anderes, bereit. Der Pfeil stellt dabei unter Umständen bei einem Einzelteil den Beginn und die Ausgangslage (nach unten zeigend) dar. Bei „richtiger" Beschriftung ist dies jedoch nicht notwendig, sie stellt sogar eine erste Übung, das richtige Ausrichten, dar.

Kartenspiel-Quartett

Das Lesen von Quartettkarten ist bei Kindern sehr verbreitet. Die Begeisterung konnte ich bei meinen eigenen Kindern und ihren Freunden beobachten; ihnen habe ich die Idee mit dem Kartenspiel auch abgeguckt. Sie spielten sehr oft mit Karten zu Schiffen, Autos, Pflanzen, Tieren usw. und eigneten sich parallel zum Spiel eine Menge Kenntnisse an (z. B. PS-Zahlen von Autos usw.).

In der schulischen Anwendung heißt dies, dass Spielkarten mit Begriffen, einfachen Inhalten, einfachen Aufgaben selbst beschriftet werden, mindestens als Kartenpaar mit passendem Inhalt, sinnvollerweise jedoch als Quartett, da ein Quartett umfassender verwendbar ist.

Die Kinder sortieren dann entweder in Einzel- oder in Partnerarbeit die Karten und ordnen entsprechende zu, oder spielen mit ihnen ganz normal nach vorgegebenen oder eigenen Regeln als Quartett in Gruppen.

Vom Inhalt ausgehend sind zwei oder vier Karten passend mit Informationen jeglicher Art zu beschriften, es können Begriffe und Oberbegriffe zugeordnet werden oder z. B. auch in Mathematik je vier Aufgaben oder Darstellungen mit demselben Ergebnis als ein Quartett erscheinen.

Klappbücher

Dasselbe Verfahren geht mit sogenannten Klappbüchern, die mit einer Ring-
bindung normalerweise drei untereinander liegende Teilseiten enthalten.

Sie sind als Blankomaterial mit drei oder acht Darstellungsebenen zu haben
oder können mit einer entsprechenden Ringbindemaschine auch selbst hergestellt werden. Bei der Gestaltung werden drei beliebige, leere Zeilen aufge-
schlagen und mit zusammengehörenden Inhalten beschriftet. Das Kind stellt
dann durch Blättern und Auffinden der passenden Inhalte (andere Teilseiten)
wieder die richtige Zuordnung her. Zur Selbstkontrolle bieten sich auf der
Rückseite Bilder, Ziffern oder sonstige Erkennungsmerkmale an, die bei der
Herstellung über alle drei Teile hinweggehend aufgezeichnet werden. Das Kind
blättert dann alle Teilseiten um und entdeckt bei richtiger Lösung ein vollstän-
diges Bild o. Ä.

Hier sind unter Umständen auch wieder die unterschiedlichen brunerschen
Darstellungsebenen annähernd möglich: Handlung beschreiben – bildliche
Darstellung – rein symbolische Darstellung. Selbstverständlich sind jegliche
Arten von Übungen so darstellbar.

Beispiele:

Aufgabe	– Ergebnis	– Umkehraufgabe
$3 \cdot 8$	24	$8 \cdot 3$

Rechenausdruck	– Ergebnis	– anderer Rechenausdruck
$3 \cdot 6$	18	$9 \cdot 2$

Bild	– Rechenausdruck	– Ergebniszahl/Summe
. . . . . .	$3 + 3$	6

gezeichnete Länge	– Angabe der Maßzahl	– Repräsentant (gezeich- neter Gegenstand)

Größenumwandlungen (Darstellung in drei Einheiten usw.)

Stecktafeln

Sie gibt es in vielen Variationen bereits vorgefertigt von fast allen Verlagen, die Materialien für den Unterricht anbieten. Sie enthalten eine Menge von Übungen, deren Lösungen sofort durch die rückwärtige Markierung der Stöpsellöcher überprüft werden können. Allerdings sind fast alle nur auf die Aufgabenstellung: „Löse die Aufgabe und markiere die richtige Lösung" eingegrenzt.

Klar ist, dass in diesem Zusammenhang operative Übungen zusammengestellt werden, aber die Übungen schwerpunktmäßig auf das Auswendiglernen ausgerichtet sind.

Bilder und Fotos

Bilder und Fotos ermöglichen den Kindern eine bessere Vorstellung als viele Worte. Sie sind relativ problemlos durch einfaches Fotografieren aus der Lebensumwelt der Kinder zu entnehmen. Gleichzeitig wecken sie von sich aus starkes Interesse. Dies ist auch bei Erwachsenen noch zu beobachten: Wenn es bei schulischen Veranstaltungen Texte und Fotos als Alternativen oder Ergänzungen zu sehen gibt, sind die Fotos als erste Orientierung oder als Information meist begehrter als selbst sehr gute Texte. (Das hängt auch damit zusammen, dass die Mehrheit der Bevölkerung eher optisch ausgerichtete Lerntypen sind und Bilder unserem „Sehwunsch" sehr entgegenkommen.)

Fotos können Ausgangsbasis sein für

- genaues Beobachten und Beschreiben,
- das Entdecken von Zusammenhängen,
- das Schreiben von Geschichten,
- die Anregung zu Rollenspielen,
- das Entdecken und Formulieren von Fragestellungen,
- das Überprüfen von Eigenschaften,
- die Erstellung von Sachaufgaben oder Sachproblemen,
- die Rückmeldung auf Arbeits- und Sozialverhalten,
- das Suchen „passender Aufgaben" im Buch.

Das Suchen passender Aufgaben im Buch ist übrigens eine sehr lohnende und sinnvolle Umgehensweise mit Schulbüchern, weil die Kinder auf diesem Wege Lösungsstrategien des täglichen Lebens entdecken und entwickeln können. Die Kinder ordnen einzelne Bilder oder dargestellte Situationen zunächst möglichen Sachgebieten zu, danach einzelnen Aufgabentypen oder Lösungsstrategien und dann auch noch einer speziellen Aufgabe, die dazu passen könnte.

Dies entspricht den üblichen Lösungsstrategien im täglichen Leben, weil wir dort auch einen Sachverhalt wahrnehmen, eine Problemstellung ausfindig machen, das „Gebiet" suchen, in dem eine Problemlösung möglich ist und dann die entsprechenden Hilfsmittel dafür anwenden.

Mit der obigen Auflistung sind auch bereits mögliche Arbeitsaufträge beschrieben, die entweder von den Kindern selbst zu einem Bild gefunden werden können oder durch vorgegebene Arbeitsaufträge den Kindern angeboten werden.

Bilder und Fotos lassen sich einzeln oder in Gruppen wiederum sehr gut innerhalb von Stationen einsetzen, weil im Stationenbetrieb eben nicht alle Kinder gleichzeitig an einer Aufgabe arbeiten und durch die zeitlich aufeinander folgende Bearbeitung stetig neue Ideen entstehen und die Phantasie der Kinder anregen.

Hier können Kinder sehr produktiv arbeiten, vor allem wenn die Aufgabenstellung gar nicht erst vorgegeben wird. Kinder formulieren diese dann selbst, stellen „Lösungen" her und bieten z. B. diese entstandenen Kombinationen weiteren Kindern zum Erkennen und nachträglichen Zuordnen an. Kinder erstellen z. B. Textaufgaben zu einzelnen Fotos und dazu noch die Lösungen; andere Kinder ordnen dann jeweils richtig zu.

Fächerübergreifendes Arbeiten ist ebenfalls impliziert, selbst wenn die bisherigen Aufgabenstellungen alle einem Fach zuzuordnen wären. Kinder beschreiben, stellen dar, formen um und können einfach auch neue Ideen entwickeln.

Computer einsetzen

Ein im Klassenzimmer vorhandener Computer (PC, möglichst mit Drucker) kann und sollte ebenfalls als eine Lernstation angeboten werden. Im Zusammenhang mit Lernprogrammen sind Übungen vorgesehen, ansonsten kann der PC einfach zum Texte-Verfassen und zum Gestalten eingesetzt werden. Meines Erachtens sind hier auch einfache Geräte sinnvoll, die über Eltern, Firmen oder Anzeigenblätter sehr preiswert oder gar als Spende zu erhalten sind.

Materialien zur „Entspannung"

Unabhängig vom jeweiligen Thema erachte ich es für fast unabdingbar, dass auch eine Station zur Erholung dient, sie muss nicht in direktem Zusammenhang mit der zugrunde liegenden Thematik stehen.

Dies ist aus meiner Sicht auch zur Erhaltung einer bestimmten Anstrengungsbereitschaft bei den Kindern notwendig, die mit der derzeitigen Thematik nicht sehr viel anfangen können. Durch das Anbieten mindestens einer derartigen Station erhalten die Kinder eine offizielle Berechtigung, sich ab und zu legitimiert mit etwas anderem zu beschäftigen.

Die besten Erfahrungen habe ich mit Stationen gemacht, die dem Bewegungsdrang der Kinder entsprechen, die Sinneswahrnehmung fördern oder einfach zum Probieren und Knobeln anregen. Wichtig ist nur, dass in diesem Entspannungsbereich eine offene oder versteckte Ergebnisorientierung außer Acht gelassen wird.

Mit Würfeln bauen – Soma-Würfel

Die Figuren lassen sich aus Holzwürfeln (z. B. Hail-Miniwürfel) schnell selbst zusammenbauen. Daraus können die Kinder durch Probieren einen der dargestellten größeren Körper oder einen Würfel, den sogenannten Soma-Würfel, zusammenbauen (die Abbildungen sind dem Mathemax, Cornelsen Verlag, entnommen).

Eine Arbeitsanweisung für Kinder, die sich die Einzelteile selbst zusammenbauen:

Soma-Würfel selbst bauen

Du benötigst   – 27 kleine Würfel
                – Bastelleim
                – eine Unterlage

Du musst nun die 7 Körper (A bis G) richtig sauber zusammenkleben!

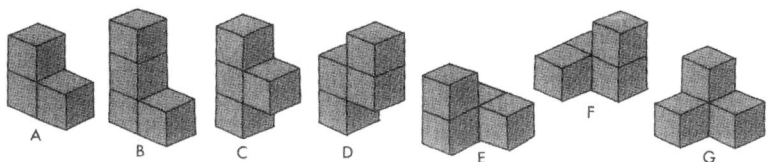

Falls du es nicht schaffst, ein paar Tipps:

1. Beginne mit Figur A.

2. Lege die einzelnen Würfel wie abgebildet hin.

3. Überlege genau, wo du kleben musst.

4. Mache auf jede Klebefläche mit Bleistift ein Kreuz.

5. Trage nur ganz wenig Leim auf.

6. Presse etwa 1 Minute zusammen, bevor du weiterarbeitest, immer!!
   Überprüfe aber die Genauigkeit!

Aus den sieben Einzelteilen kann man auf ganz viele Arten einen größeren Würfel zusammenbauen. Es ist eine knifflige Sache.

Geräusche- oder Geruchs-Memory

Mit diesen aus Filmdöschen selbst leicht herzustellenden Geräusche- oder Geruchsdöschen lässt sich mit wenig Aufwand durch entsprechendes paarweises Befüllen ein Memory gestalten. Je zwei Döschen werden mit demselben Inhalt zum Hören (Schütteln) oder zum Riechen bestückt.

Beim Bearbeiten lenkt es auf einen bestimmten Sinn, in diesem Fall auf das Hören oder Riechen, und von der derzeitigen zielgerichteten Arbeit ab. Die Konzentrationsfähigkeit steigert sich jedoch insgesamt nach dem Bearbeiten einer solchen Entspannungsstation deutlich.

Geräusche - Kiste

① Hole alle Dosen heraus und
   stelle sie vor dich hin.

② Durch Schütteln und Hören
   versuchst du nun herauszu-
   finden, welche zwei Dosen
   sich jeweils genau gleich
   anhören.

③ Wenn du alle sieben Paare
   gefunden hast, kontrolliere!
   Jedes Paar hat unten den
   gleichen Farbpunkt.

(Die hier abgebildete Arbeitsanweisung wurde von Petra Prigl, Grundschule Gartenstraße, Sindelfingen, als Entspannungsstation für „meine" Lehrerfortbildungsveranstaltungen gefertigt.)

Hinweise auf Übungen zur körperlichen Entspannung und zum Erreichen neuer Konzentration finden Sie auch in den beiden kleineren Büchern „Brain-Gym" und „Lerngymnastik" (Dennison, Paul und Gail, 1995 und Ernst Ballinger, 1995).

Als Beispiel für eine von mir formulierte Entspannungsstation sei folgende erwähnt:

... wenn du müde bist: (etwa zwei Minuten)
Gehe auf den Gang und wackle zuerst mit deinem Kopf.
Schüttle nacheinander die Handgelenke, die Arme, die Schultern,
den Bauch, den Po, die Beine und die Füße.
Schüttle nun deinen ganzen Körper!
Immer noch müde?
Ja? – Kann eigentlich nicht sein, aber dann musst du eben müde
weiterarbeiten.

11. Übungszirkel gestalten

Gestaltungsmöglichkeiten

Die Gestaltung eines Übungszirkels richtet sich an den Ansprüchen aus und die Ansprüche bringen in erster Linie die Kinder mit. Übungen sind für Kinder (und allgemein) nur sinnvoll, wenn sie

- von den Kindern alleine und ohne weitere Hilfe durchgeführt werden können,
- für die Kinder einen Sinn haben,
- nicht ermüden,
- dem Lern- und Arbeitstempo einzelner Kinder entsprechen,
- für das jeweilige Kind die optimale Lernart berücksichtigen,
- beim Üben möglichst viele Kanäle, Sinne usw. berücksichtigen und dadurch viele Teile im Gehirn mitschwingen lassen.

Übungsgesetze berücksichtigen

Odenbach und Bönsch haben in ihrem Buch Übungsgesetze zusammengestellt, die ich zunächst als Zusammenstellung anbiete und dann in ihrer Grundstruktur hier darstellen und jeweils konkretisieren möchte:

1. Übungsgesetze *(nach Odenbach und Bönsch)*

- Ohne Übungsbereitschaft kein Übungserfolg.
- Erfolgserlebnis weckt neue Übungsbereitschaft.
- Der Übungserfolg wird durch Wiederholungen gesichert.
- Das Üben in sinnvollen Zusammenhängen ist erfolgreicher als das Üben zerstückelten Wissens.
- Durch Einsicht Erworbenes wird besser behalten als einfach Übernommenes.
- Kurze, über längeren Zeitraum verteilte Übungen sind wirkungsvoller als gehäuftes Üben.
- Erste Übungen müssen möglichst bald nach Neueinführung stattfinden, dann können die Intervalle größer werden.
- Wechsel in der Übungsform weckt neue Übungsbereitschaft und bringt größeren Übungserfolg.
- Schleichen sich bei Übungen Fehler ein, werden sie zunehmend verstärkt.
- Quantität des Übungserfolges steigt mit der Begabung, die Qualität nicht unbedingt in demselben Maß.
- Übungsfähigkeit und Übungsfertigkeit nehmen mit zunehmendem Alter ab.

2. Übungshilfen *(nach Bönsch und Odenbach)*

- Pro- und retroaktive Hemmungen sind zu vermeiden.
- Aktive Übungsformen sind zu bevorzugen.
- Ganzheitliches Üben ist zu bevorzugen.
- Soziale Übungsformen sind zu bevorzugen.
- Der Übungsstoff ist zu strukturieren.
- Emotionelle Verankerung ist anzustreben, da sich emotional Erlebtes stärker einprägt.
- Aktive Selbstkontrolle des Geübten ist wichtige Übungshilfe.

3. Übungsmotivation *(nach Odenbach)*

- Ursprüngliche Übungsbereitschaft der Kinder,
- Person des Lehrers oder der Lehrerin als Möglichkeit extrensischer Motivation,
- das Spiel als Übungsimpuls,
- der Vergleich der individuellen Leistung als Übungsimpuls,
- Übungsmotivation durch Einsicht in die Übungsnotwendigkeit.

Ohne Übungsbereitschaft kein Übungserfolg heißt, dass auf jeden Fall durch Motivation, Verpackung usw. eine Übungsbereitschaft hergestellt wird. Ein Kind, das ein Puzzle oder eine Pappfigur zusammenzusetzen versucht, ist bereit, die Aufgaben zu lösen, um die richtigen Teile der Figur zusammensetzen zu können.

Erfolgserlebnisse wecken neue Übungsbereitschaft signalisiert, dass sich rasch einstellende Erfolgserlebnisse auf die Bereitschaft zur Fortsetzung der Übungen positiv auswirken; daher sind Methoden der Selbstkontrolle mit möglichst rascher Rückmeldung sinnvoll.

Der Hinweis der oben erwähnten Autoren, dass sich *Fehler zunehmend verstärken, wenn sie sich bei der Übung einschleichen,* verlangt ebenfalls eine möglichst sofortige Rückmeldung bezüglich der Richtigkeit, was z. B. beim Üben mit der Lernmaschine immer möglich ist.

Das Üben in sinnvollen Zusammenhängen ist erfolgreicher als das Üben zerstückelten Wissens spricht für alle Methoden der anwendungsorientierten Übung.

Der *Wechsel in der Übungsform* weckt neue Übungsbereitschaft und bringt größeren Übungserfolg. Eine Forderung, die durch den Einsatz unterschiedlicher Mittel und Anweisungen leicht erfüllt werden kann.

Bei der Vorstellung der Zirkelarten erwähnte ich bereits, dass diese Art der Übungszirkel weit verbreitet ist. Allerdings stelle ich auch immer wieder fest, dass gerade hier große Nachlässigkeit bei der Gestaltung zu beobachten ist. Häufig sind fast ausnahmslos Übungen des gleichen Typs vertreten, nämlich: „Löse die Aufgabe!"

Gleichzeitig sind die zu beobachtenden Übungsaufgaben fast alle auf den Endzustand der Übungseinheit ausgelegt, beinhalten daher aneinandergesetzte und hohe Ansprüche.

Der Lernzirkel ist dann, sehr vereinfacht und vielleicht auch etwas abwertend ausgedrückt, lediglich das summierte Angebot von bisher auch schon durchgeführten Übungen, mit wenig Berücksichtigung übergreifender Aspekte.

Schwerpunkte setzen

Auch Übungszirkel kann man nach verschiedenen Schwerpunkten gestalten.

Nach Übungsformen unterscheiden

- Isoliertes Üben von Schwierigkeiten,
- mechanisches Üben bei Algorithmen (z. B. schriftliche Rechenverfahren),
- Üben durch Anwendung.

Die Eingangskanäle berücksichtigen

In diesem Falle sollen zu einer Übung Angebote enthalten sein, die den
- visuellen Typ ansprechen (Bilder, Fotos, Darstellungen, Strukturen usw.),
- den akustischen Bereich in den Vordergrund setzen (Einmaleinsreihen laut sprechen, vom Walkman abhören, sich wechselseitig zurufen usw.),
- die Kinesthetik mit berücksichtigen (parallel zum Lernen hüpfen, den Ball prellen und Lösungsreihen parallel dazu aufsagen usw.),
- den intellektuellen Typ nicht vergessen, der sehr gut mit Strukturen lernt, sie erkennen oder sich merken kann. Für ihn sind z. B. Umkehraufgaben, Nachbaraufgaben usw. eine willkommene Lernhilfe. Für den akustischen Typ stellen diese Arten von Aufgaben unter Umständen nur Verwirrungen dar.

Besondere Ansprüche an Stationen, die Übungszwecken dienen

Unterschiedliche Aufgabenstellungen

Operative Übungen im Sinne von Piaget verlangen neben der Übung immer auch, dass man nicht nur Mechanik anwenden kann, sondern sich auch Gedanken zur jeweiligen Struktur der Aufgabe machen muss.

Es darf sich also auf keinen Fall nur um Aufgaben handeln, bei denen nur die richtige Lösung zu suchen ist. Alternativen sind: Zusammenfügen von Aufgabe und Lösung, Suchen gleicher Aufgabentypen, Verändern der Stellung des „Kästchens" in Platzhalteraufgaben, das Anbieten mehrerer Lösungen, aus der die richtige herausgefunden werden muss (was auch noch den Widerspruchs- oder Rätseleffekt berücksichtigen würde) usw.

Das Durchhaltevermögen der Kinder berücksichtigen

Fünfzehn Minuten Bearbeitungsdauer an einer *Übungs*station stellt sicherlich schon die Obergrenze dar. Das Angebot muss so ausgelegt sein, dass Kinder vor Beginn der Arbeit an einer Station diese überschaubare Bearbeitungszeit erkennen können. Eine geringere Anzahl von Übungen an einzelnen Stationen lässt bei der Auswahl jedem Kind seinen individuellen und angemessenen Spielraum. Beim Üben ist individuelle „Angemessenheit" eine Grundvoraussetzung für einen Übungserfolg.

Angebote für möglichst alle Eingangskanäle

Weil wir gerne unseren Eingangskanal bevorzugt berücksichtigen, ist ein besonderes Augenmerk auf diesen Anspruch zu richten. Ausführungen dazu sind im vorausgehenden Kapitel nachzulesen.

Mehrkanaliges Lernen ermöglichen

Dabei sehe ich hier mehrkanalig noch umfassender als nur die Eingangskanäle: Kopfarbeit und Bewegungsspiele verbinden, „Kopf" und Berührung verbinden, über Partnerspiele den Inhalt mit Sozialverhalten und auch Gefühlen verknüpfen usw.

Manuelle Tätigkeiten vorsehen

Dies geschieht durch Angebote und Hinweise: ausschneiden, aufkleben, anmalen, zusammenstellen, herstellen …, aber auch aufschreiben, dem Partner auf den Rücken schreiben usw. Vielleicht ist auch die schon erwähnte Lernmaschine bei Kindern deshalb so beliebt, weil zum einen nicht geschrieben werden muss und zum anderen bei jeder neuen Aufgabenstellung die Betätigung des „Schiebers" eine manuelle Tätigkeit darstellt.

Nach meiner Erfahrung werden all diese Dinge im Unterricht im Zusammenhang mit Einführungen und Erarbeitungen zumindest in der Grundschule oft und gut integriert, ganz selten tauchen sie dann jedoch im Zusammenhang mit reinen Übungen wieder auf, obwohl diesen Tätigkeiten beim Üben nicht weniger Bedeutung eingeräumt werden sollte.

Unterschiedliche Sozialformen berücksichtigen oder anregen

Auch beim Üben sollten wir den Kindern mehr Verantwortung für „ihre" individuelle Sozialform überlassen! Ich sage das bewusst, weil im herkömmlichen Sinne sich die Übungsphasen doch häufig auf eine Einzelarbeit beschränken oder gar eingeschränkt werden.

Im Zusammenhang mit Spielen jeglicher Art, auch Kartenspielen o. Ä., sind Phasen des Miteinander bereits integriert. Beim Üben scheint die Gefahr der „Ergebnisübernahme" scheinbar oft gebannt werden zu müssen. Wer jedoch beim Üben oft genug von einem Nachbarn abschreibt, kann es unter Umständen hinterher auch. Beim Lernen darf oder soll sogar abgeschrieben werden, geholfen werden, beim Üben weniger.

Ich plädiere hier nur dafür, den Kindern zu überlassen, in welcher Sozialform sie arbeiten wollen, und dies auch, wenn sie sich irgendwo „anhängen". Sie tun es nur so lange, bis es langweilig wird oder sie selbst merken, dass der Lern- und Übungseffekt ausbleibt.

Unterschiedliche Bearbeitungsarten ermöglichen

Aufschreiben ist eine Sache, oft jedoch lassen sich gleiche oder ähnliche Ergebnisse erzielen durch Unterstreichen, Einkreisen, Sortieren, Zusammenfassen, Zuordnen, Legen, Gegensätze-Suchen, Ergänzungen-Suchen, Umkehraufgaben-Herstellen usw.

Die gesamte Breite des Übungsspektrums abdecken

Nach einer Einführung oder Hinführung steht ja in der Regel das Ziel des noch zu übenden Unterrichtsgegenstandes. Vermutlich sind aus diesem Grund die Übungen auch meist so angelegt, dass sie auf diese Höchstform abzielen. Üben von Teilen, isoliertes Üben von Teilaspekten usw. schafft bei den Kindern Sicherheiten und Erfolge und hat unter Umständen zeitweise weit höheren Nutzen als das Üben von Gesamtheiten.

Isolierte Übungen anbieten

Es muss nicht immer nur die Endform des zu übenden Inhalts im Vordergrund stehen. Das gesamte Spektrum in einzelne Übungsteile aufzuspalten ermöglicht das gezielte Üben von Teilbereichen und auch für „schwächere" Kinder Erfolgserlebnisse.

Beziehungen innerhalb des Übungsgegenstandes berücksichtigen

Darunter verstehe ich: Unterstreiche gleiche Dinge, suche mögliche Rechenarten, ordne der richtigen Regel zu, ordne dem passenden Aufgabentyp zu, gehört zu ..., bilde eine Reihenfolge usw.

Damit wird nicht immer nur eine Lösung gesucht, sondern werden strukturelle Fragestellungen in den Vordergrund gestellt.

Qualitative Erweiterungen und produktive Aufgabenstellungen

- Bilde/suche selbst weitere Aufgaben (ohne den Auftrag zur Lösung)!
- Schildere in deinen Worten ... (ist auch eine Übung)!
- Stelle auf beliebige Weise richtig dar! ...

(Siehe hierzu auch allgemeine Ausführungen unter dem Kapitel „Grundlagen für die Gestaltung von Arbeitsaufträgen".)

Zusammenfassung

Ansprüche an die inhaltliche Gestaltung von Lernstationen in einem Übungszirkel:

- Unterschiedliche Aufgaben stellen (nicht nur: „Hier ist eine Aufgabe, löse sie!");
- dem Durchhaltevermögen der Kinder entsprechen (erfahrungsgemäß stellen 15 Minuten Bearbeitungsdauer an einer Station die Obergrenze dar, daher z. B. nur einzelne Aufgaben, Teile von Arbeitsblättern oder Kopiervorlagen zur Bearbeitung geben.);
- für möglichst alle Eingangskanäle etwas anbieten;
- mehrkanaliges Lernen ermöglichen (z. B. „Kopfarbeit" und Bewegungsspiele verbinden);
- manuelle Tätigkeiten vorsehen (wie Ausschneiden, Aufkleben, Anmalen, Zusammenstellen, Herstellen ...);
- unterschiedliche Sozialformen bei den Angeboten und Hinweisen berücksichtigen;
- unterschiedliche Bearbeitungsarten anbieten (z. B. aufschreiben, unterstreichen, einkreisen, sortieren, zusammenfassen, zuordnen, legen, Gegensätze suchen, Ergänzungen suchen, Umkehraufgaben herstellen usw.);
- die gesamte Breite des Übungsgebietes abdecken (nicht nur die Endform, die Höchstform des zu übenden Lerngegenstandes);

- isolierte Übungen zu Teilbereichen anbieten;
- Beziehungen berücksichtigen (z. B. durch: Unterstreiche gleiche Dinge! Suche mögliche Rechenarten! Ordne der richtigen Regel zu! Bilde eine Reihenfolge!);
- den produktiven Bereich qualitativ erweitern (Bilde/suche selbst weitere Aufgaben! Schildere in deinen eigenen Worten! Stelle auf beliebige Weise richtig dar! ...).

12. Weitere Formen des Stationenlernens gestalten

Der Leser mag sich fragen, warum auf die Unterscheidung von unterschiedlichen Arten so viel Wert gelegt wird. Eine formale Unterscheidung ist selbstverständlich nicht erforderlich und auch nicht sinnvoll, zumal im Vordergrund steht, dass die Kinder überhaupt im Rahmen eines derartigen Unterrichts ihre individuellen Lernformen nutzen und verbessern können. Andererseits ist es für die Gestaltung und die Vorbereitung schon von großer Bedeutung, sich bewusst zu sein, was mit der Art der vorbereiteten Stationen erreicht werden soll. Es fällt uns und den Kindern schwer, bei einer völligen Mischung immer noch den Sinn und die Absicht der Arbeit zu erkennen. Schnell geraten solche Angebote in die Gefahr, die Kinder „nur noch" zu beschäftigen. Das ist aber in jedem Unterricht, ob in geschlossenen Formen oder in offenen Formen oder beim Lernen an Stationen, zu wenig. *Kinder haben einen Anspruch auf sinnvolles Lernen in der Schule und nicht nur auf Beschäftigung!*

Bei dem Anspruch, dass mit dem Angebot sinnvoll geübt werden soll, genügt es eben nicht, nur eine entsprechende Anzahl von Übungen zur Verfügung zu stellen. Diese meist alle in derselben Grundform, höchstens und erfreulicherweise zwar noch in entsprechender, weil unterschiedlicher „Verpackung". Zum sinnvollen Üben gehört dann wirklich, die folgenden Ansprüche an die einzelnen Arten weitestgehend zu erfüllen.

Geht es andererseits um die selbstständige Erarbeitung von neuen Inhalten, dann sind eben die Arbeitsaufträge (Stationen) so zu gestalten, dass die Kinder ihr Lernen wirklich selbstständig organisieren, gestalten und erfolgreich abschließen können. Nur scheinbare Offenheit oder Stationen, die laufend weitere Erklärungen erfordern, sollten dann eher zu einer gemeinsamen Hinführung und anschließender vertiefender Bearbeitung führen.

Buchseiten oder Arbeitshefte aufarbeiten

Wenn Seiten aus Schulbüchern oder Arbeitsheften die Grundlage für einen Lernzirkel sind, können folgende Fragen leitend sein:

- Welche Handlungserfahrungen sind für ein Verständnis sinnvoll oder notwendig?
- Welche unterschiedlichen Schwierigkeiten und Inhalte verbergen sich in der Buchseite – welche Voraussetzungen sind notwendig?
- Wie können die dargestellten Inhalte bzw. Aufgabenstellungen in Teilgebiete aufgespalten werden?
- Welche Lösungshilfen sind für einzelne Schüler im Zusammenhang mit einer selbstständigen Bearbeitung notwendig?

Je nach Beantwortung ergeben sich als mögliche Angebote:

- Stationen, die den Kindern Handlungserfahrungen ermöglichen (enaktive Repräsentationsebene), z. B.
  - Erfinde ein Rollenspiel!
  - Stelle selbst so etwas her!
  - Stelle etwas her und verändere es richtig!
- Stationen, bei denen Handlungen oder Aufgaben bildnerisch (Skizze) dargestellt werden (ikonische Ebene), z. B.
  - Male ein Bild dazu!
  - Fertige zuerst eine Skizze!
  - Suche aus der Bildersammlung ein passendes aus!
- Stationen, in denen die notwendigen Teilgebiete für eine isolierte Bearbeitung dargestellt werden.
- Stationen, in denen Hilfen angeboten werden, die ein stufenweises selbstständiges Bearbeiten ermöglichen, z. B.:
  - Es ist sinnvoll, wenn du dir zuerst mögliche Bearbeitungsschritte überlegst.
  - Beginne am besten an der und der Stelle.
- Hinweise auf „Quellen" bzw. frühere Lernerfahrungen, z. B.: Wenn du nicht mehr weißt, wie es geht, schaue im Buch, Seite … nach.

Themengebiete ganzheitlich bearbeiten

Die meisten Inhalte der Grundschule bieten sich durchaus an, in Form von thematischen „Lernzirkeln" aufgearbeitet zu werden.

Schon bei der Vorstellung des Themas „Kartoffel" auf Seite 59 wurde deutlich, dass sich neben dem Leitfach Sachunterricht auch Inhalte aus anderen Fächern anbieten. Es werden z. B. Texte bearbeitet oder verfasst, ein Inhalt aus dem Fach Deutsch.

Rechtschreibübungen im Zusammenhang mit vielen neuen Wörtern können genauso integriert werden wie gestalterische Aufträge, die zumindest intern als Berücksichtigung musischer Fächer verbucht werden können. Solche thematischen Zirkel gibt es begleitend zu diesem Einführungsband als Themenhefte mit Kopiervorlagen (z. B. „Herbst", „Die Natur erleben" oder „Gewichte") oder sind an anderer Stelle schon veröffentlicht.

- „Sonnenblume" und „Kartoffel" von Uta Wallaschek in: Kinderschule – Lehrerschule (Hrsg. Bernd Lehmann);
- „Zeit" von Gabriele Faust-Siehl in Grundschule, Heft 3/1989, Seite 22 ff.;
- „Kartoffel" von Nina Mozer in: Der Schulgarten, Lehrer-Bücherei: Grundschule, Cornelsen Scriptor, Frankfurt am Main, 1989.

Falls trotz ganzheitlichen Ansatzes die Fächer stärker berücksichtigt werden, hilft die Skizze unten. Unter einem Leitfach werden Inhalte für das Lernen an Stationen festgelegt und nach Absprache mit den Fachlehrern mit deren Inhalten zu einem ganzheitlichen Angebot zusammengestellt. Diese Zusammenarbeit kann sich auf die bloße zeitliche und inhaltliche Abstimmung beschränken, führt jedoch hoffentlich sehr schnell zur aktiven Mitgestaltung und damit zur direkten Einbindung unterschiedlich gestalteter und ausgerichteter Arbeitsstationen der einzelnen Lehrpersonen.

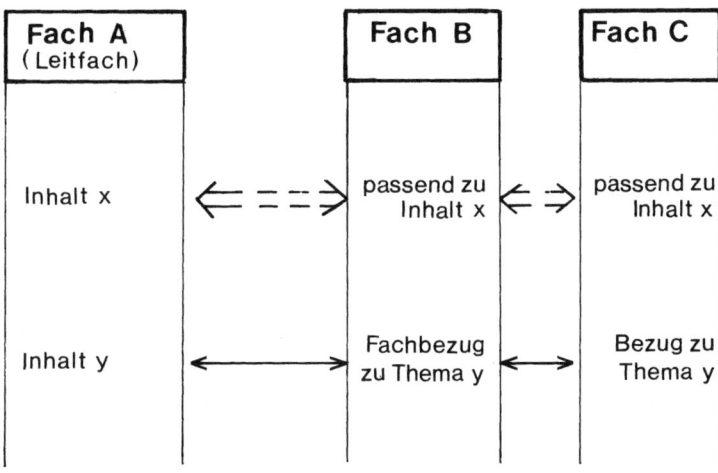

Im einführenden Kapitel wurde erwähnt, dass sich die Strukturen der Fächer erst im Laufe der Grundschule herauskristallisieren sollten. Ganzheitlicher Ansatz im Unterricht und die Betrachtung fächerspezifischer Arbeitsweisen als Hilfsmittel wären dabei leitend.

Ein Thema ohne Vorbereitung selbst erarbeiten

Manche Themen eignen sich vorzüglich, um von Kindern selbstständig bearbeitet zu werden. Die einzelnen Stationen bieten dabei Hilfen an (Texte, Bilder, Versuchsaufbauten, Tabellen usw.) und geben erläuternde Hinweise bzw. gezielte Arbeitsaufträge für die jeweilige Station, das jeweilige Teilthema.

Auch Arbeitshefte, die bisher im Unterricht in gemeinsamer Arbeit schrittweise bearbeitet wurden, können in dieser Lernform, in Einzelteile aufgegliedert, Stationen bei der Erarbeitung des Themas darstellen. Teilüberschriften geben dabei die Struktur als Hintergrundinformation weiter.

In den Klassen drei und vor allem vier ist es auch möglich, die Kinder um die abgeschlossene Bearbeitung und Ergebnisdarstellung innerhalb der einzelnen Arbeitsstationen zu bitten. Arbeitsergebnisse sollen dann als Aufschriebe, Zeichnungen, Skizzen usw. jeweils separat festgehalten werden, um sie als Abschluss für einzelne Kinder in eine für sie sinnvolle Struktur bringen zu lassen.

Kinder werden dadurch über das Erarbeiten von einzelnen Teilthemen selber an eine eigenständige Strukturierung herangeführt.

Nur wenn Vorbedingungen (Kenntnisse, Erfahrungen usw. anderer Stationen) unabdingbar sind, ist ein Verweis auf diese Vorbedingung notwendig (z. B.: Bevor du diese Station bearbeitest, solltest du zuerst Station ... bearbeitet haben).

Für Lehrkräfte ist wichtig zu erwähnen, dass möglichst nicht oder nur bedingt der fachsystematische Aufbau im Vordergrund stehen kann!

Ein Thema mit Hilfe des Lernzirkels vertiefend bearbeiten

Die Hinführung erfolgt über die übliche Einführungsstunde oder Einführungsphase. Bereits aus der Überschrift wird deutlich, dass hier den Schülern z. B. in der üblichen Form einer Einführungsstunde mit Versuchen o. Ä. ein Überblick dargestellt wird. Einzelne Versuche aus dieser Einführungsphase werden anschließend von den Schülern selbst durchgeführt und dokumentiert.

In anderen Worten ausgedrückt heißt dies, dass sich die Kinder ihr individuelles Detailwissen nach einem einführenden Überblick selbst erarbeiten. Überblickwissen aus der Einführungsphase muss durch selbstständiges Erarbeiten von Detailwissen zu einem Gesamtgebiet zusammengefügt werden.

Für beide Formen der Erarbeitung neuer Themen gilt: Die üblichen brunerschen Ebenen lassen sich auf diese Weise in herausragender Form auf die einzelnen Schüler übertragen und garantieren damit nicht nur eine Auseinandersetzung auf der symbolischen Ebene.

Sonstige Anwendungsgebiete für das Lernen an Stationen

Da beim Lernen an Stationen Inhalte zur eigenen Bearbeitung angeboten oder Aufgabenerledigungen in die Verantwortung der jeweiligen Teilnehmer gegeben werden, eignet sich diese Arbeitsform z. B. auch sehr gut für die Gestaltung von Elternabenden, Informationsveranstaltungen und Konferenzen.

Am Elternabend werden in dieser Form z. B. Inhalte zu den einzelnen Fächern an Stationen zum Überblick oder zur Information angeboten. Auch Planungen für Gemeinschaftsunternehmungen u. Ä. sind auf diese Art vorstrukturierbar und in die Hand der Teilnehmer gegeben.

Dasselbe gilt für Konferenzen, in denen so oft viel Zeit für Informationsweitergabe durch Vorlesen „verschwendet" wird. Die Informationen mit Arbeitsaufträgen versehen und mit einem Zeitrahmen umspannt gibt die Verantwortung für die Informationsaufnahme an die Teilnehmer und gestaltet Konferenzen aufgelockerter. Warum sollen auf diese Art nicht Lehrerinnen und Lehrer in Eigenverantwortung z. B. die Aufsichtspläne gestalten oder Formulare kennen lernen?

13. Erfolgskontrolle und Leistungsbeurteilung

Den Kindern Verantwortung und Selbsteinschätzung übertragen

Beim selbstständigen Lernen, also auch beim Lernen an Stationen, ist eine dauernde Kontrolle durch die Lehrkraft nicht leistbar und auch nicht erwünscht. Kinder können lernen, die Verantwortung für ihr Tun weitgehend selbst zu übernehmen, wenn sie die Möglichkeit dafür, den entsprechenden Rahmen erhalten. Gleichzeitig ist unbestritten, dass viele Kinder das noch nicht können, jedoch ebenfalls lernen sollen. Was Kinder nicht können, lernen sie nicht dadurch, dass wir es für sie übernehmen. Dieser Aussage stimmen wir im Zusammenhang mit dem Lernen von Inhalten sofort zu, sie schließt jedoch das Übernehmen der Verantwortung für die eigene Arbeit und die Einschätzung der eigenen Leistungsfähigkeit ebenfalls ein.

Daraus lässt sich für die „Verteilung" der Verantwortung und die Einschätzung des eigenen Lernergebnisses eine klare Folgerung ableiten: Kinder sollen früh dazu angeregt, eventuell sogar durch Hilfen angeleitet werden, auf welchem Wege sie Verantwortung für sich übernehmen können und wie eine sinnvolle Einschätzung und Bewertung der eigenen Lernfähigkeit und des eigenen Lernerfolgs erreicht werden kann.

Lernhilfen im Bereich Verantwortung und Einschätzung des Lernerfolgs sind alle Phasen des Bewusstmachens. Wir müssen den Kindern also Anregungen geben, sich bei der Auswahl einer Station oder beim Abschluss folgende Fragen zu stellen:

- Warum habe ich die Entscheidung für diese Arbeitsstation getroffen?
- Was habe ich für mich gelernt, zusätzlich erfahren oder was hat mir diese Station „gebracht", nachdem ich meine Arbeit daran abgeschlossen habe?
- Wie schätze ich meine Leistung, mein Können im Zusammenhang mit dieser Station ein?

Es ist durchaus möglich, dass Sie nun, genau wie ich, den schwachen Schüler vor Augen haben, der sich nur selten gute Leistungen attestieren kann, sofern er sich nach unserer Ansicht „richtig" einschätzt. Wenn das Angebot auf alle Kinder und ihr unterschiedliches Niveau ausgerichtet ist, stehen für alle adäquate Arbeitsaufträge und Lernmöglichkeiten zur Verfügung, bei denen sie sich ihre Lernerfolge und Bestätigung holen können. Gewiss sind diese auf niederem Niveau als die Anforderungen, die wir eventuell an den Durchschnitt haben. Sie werden dem einzelnen Kind gerecht und ermöglichen ihm ebenfalls Erfolgserlebnisse, die unbedingt notwendig sind, um die Leistungsbereitschaft zu erhalten und zu fördern. Auf der anderen Seite der Leistungsskala, also bei den sehr guten Schülern, erscheint bisher oft keine Leistungsgrenze. Unsere Angebote und Anforderungen werden von ihnen meist ohne große Anstrengung und gleichzeitig rasch erledigt. Offene Angebote, oder solche, die nicht durch das eindeutige Lernergebnis, sondern beim Lernweg fast unbegrenzte Schwierigkeitsgrade ermöglichen, sind für diese Kinder angemessen. Dadurch erhalten sie die Möglichkeit, ihre Leistungsgrenzen auszuloten und durch wirklich anspruchsvolle Bearbeitungen, raffinierte Lösungsansätze und Lösungswege oder umfassende Darstellungen für sich selbst eine angemessene und positive Einschätzung ihrer Arbeit zu erreichen.

Umgang mit schwächeren Schülern

Im Zusammenhang mit der Verantwortung und der Selbsteinschätzung schwächerer Schüler sei noch eine andere mögliche Beobachtung erwähnt. Solche Kinder bearbeiten unter Umständen im Rahmen von Lernen an Stationen eine Station mehrmals. Dies entweder unmittelbar nacheinander oder aber in jeder der folgenden Stunden wieder. Auch ich war am Anfang oft geneigt, diese Kinder auf weitere Angebote zu verweisen. Sie machten diese dann zwar, aber aus meiner Sicht mit Unlust und zweifelhaftem Erfolg.

Mir wurde nach vielen Rückfragen und einfühlsamen Gesprächen mit den Kindern klar, dass sie sich im Moment einfach an ihrem Können erfreuen und sich ihre Bestätigung immer wieder aufs Neue „abholen". Wir sollten hier den Mut haben, die Kinder gewähren zu lassen, bis sie selbst an den Punkt des Weiterwollens kommen. Länger als zwei Wochen halten Kinder solche gleichartige Beschäftigung nicht aus. Sie beginnen dann von sich aus auch mit anderen, schwierigeren Aufgabenfeldern. Dieses „fortgeschrittene" Verhalten legen sie dann von sich aus an den Tag und nicht, weil wir es ihnen empfohlen oder gar verordnet haben. Hier ist Zuversicht angebracht, dass Kinder ihre Verantwortung auch selbst übernehmen, wenn sie nur den Rahmen dafür erhalten. Kinder brauchen Zeit, entweder schon gemachte Erfahrungen durch positivere zu ersetzen oder um sich selbst erst in den richtigen Zusammenhang mit anderen Personen und anderen Anforderungen zu bringen. Sie brauchen Zeit, um ihr Lernen auf eine höhere Ebene zu beziehen, nicht nur auf den eigenen bisherigen Horizont bezogen. Sie müssen auf jeden Fall „Verhalten" ändern oder lernen. Inhalte zu lernen braucht Zeit, die wir uns in der Schule auch nehmen. Dabei denke ich z. B. an den Zahlenraum bis 20, der im ersten Schuljahr einen großen zeitlichen Umfang zur tiefgreifenden Bearbeitung einnimmt. Auch Verhaltensweisen zu erlernen benötigt Zeit, viel Zeit, genauso wie das Verändern von Verhaltensweisen. Wir, die Erwachsenen, auch die Lehrerinnen und Lehrer, sind hier sehr ungeduldig. Vielleicht gibt es in diesem Bereich auch für uns noch lohnende Lernfelder.

Der Rahmen für ein Kind ist unter Umständen ein ganz kurzer Zeitraum (und entspricht damit auch unserer Vorstellung) und für ein anderes Kind ist es ein sehr langer Zeitraum, der sich mit unseren Vorstellungen überhaupt nicht deckt. Welche Forderungen stehen nun im Vordergrund? Können es immer nur die unsrigen sein, wenn wir schon im Grundgesetz den Hinweis erhalten, dass jedes Kind (jeder Mensch) auf der Grundlage seiner Möglichkeiten und Fähigkeiten das Recht auf eine optimale Förderung hat? Dieses Recht müssen wir den Kindern zur Verfügung stellen, das ist unsere Pflicht! Dass wir die Kinder auf dieses Recht hin verpflichten müssen, habe ich noch nirgends als Aussage gefunden, da sie meines Erachtens einer gerichtlichen Überprüfung

im Zusammenhang mit den bestehenden Grundrechten nie standhalten wür-
de. Es gilt hier öfters wieder klarzumachen, dass die Schule und die allgemeine
Schulpflicht als ein Recht auf Bildung eingeführt wurden, und nicht als eine
Pflicht auf Bildung.

Schon mal erwähnt, gerne wiederholt: Nur kranke Menschen (und Kinder sind
auch Menschen) möchten auf Dauer ihre Leistungsfähigkeit nicht ausloten,
möchten nicht durch Lernen weiterkommen. Fast alle Kinder nehmen bis zum
Schuleintritt ihr Recht auf individuelles Lernen für sich wahr, lernen dabei sehr
viel und erhalten sich ihre Lernfreude. Wenn die Kinder in die Schule kommen,
freuen sich immerhin 95 Prozent von ihnen auf das Lernen und möchten auch
gerne in der Schule etwas lernen, nach einem Jahr sind es leider nur noch etwa
60 Prozent. Diese Tatsache führe ich nicht nur auf die Veränderung des
Lebensalters zurück, sondern auch darauf, dass die Schule der Freude am
Lernen oft entgegenwirkt. Sie verlangt zu viel oder zu wenig und gibt vor allem
meist den Weg vor, der nicht jedem Kind gerecht wird oder von ihm nicht
sinnvoll begangen werden kann.

Kinder begleiten und beobachten

Das Lernen an Stationen ist immer ein überschaubarer, aber doch längerfristig
angelegter Lernprozess. Während dieses Lernprozesses durchlaufen Kinder
einzelne Phasen, die zu beobachten für eine Begleitung und Bewertung notwendig sind.

Wir knüpfen an unser Angebot Vorstellungen von den zu erbringenden Leistungen und zu machenden Erfahrungen, sowohl im Wissensbereich, im Bereich der Fertigkeiten und im Bereich des Sozialverhaltens. Solche Vorstellungen notiert, unter Umständen sogar mit einer Klassenliste versehen, sind eine
gute Grundlage, um Beobachtungen anzuregen und um sie für sich festzuhal-
ten. Dies muss nicht ständig und offen geschehen, hilft jedoch, Beobachtungen
zu strukturieren.

Dies soll nicht nur im Hinblick auf eine mögliche Beurteilung gesehen werden,
sondern mindestens gleichrangig, um die Begleitung beim Lernen sinnvoll zu
ermöglichen. An Kindern ist so viel zu beobachten, was Aufschlüsse über ihren
derzeitigen Lernzustand und ihren Zustand überhaupt gibt. Wir beobachten
auch sehr viel, was im Unterbewussten aufgenommen und gespeichert wird.
Bei spontanen und pauschalen Einschätzungen von Kindern wird dies dann
deutlich, vor allem, wenn wir mal überraschend auf ein Kind angesprochen
werden. Wenn wir bewusste Beobachtungen notieren, machen wir sie gleichzeitig für die Zukunft verfügbar. Das heißt dann auch: Ich kann es im Moment
wieder vergessen, mich auf anderes besinnen und ein Kind später wieder auf

einen ganz bestimmten (positiven) Vorgang ansprechen oder mich bezüglich einer erfolgten Problemlösung später bei dem Kind nochmals erkunden.

Mithelfen, Beobachten, Impulse geben usw., das sind die Hauptaufgaben während einer Arbeit an Stationen für die Lehrkraft im Unterricht; Bestätigen und Unterstützen würde ich gerne hinzufügen.

Solche Bestätigungen mache ich dann den Kindern gegenüber auch immer öffentlich, indem ich ihnen eine Rückmeldung auf positive Leistungen gebe und diese auch für Kinder sichtbar vermerke. Wohlgemerkt, solche offene Rückmeldung und Bestätigung gebe ich nur im positiven Sinne. Kinder erhalten für herausragende Gedanken, ausdauernde Bearbeitung, schöne Darstellungen, positives Sozialverhalten usw. ausnahmslos positive Leistungsrückmeldungen, die ich auch für das jeweilige einzelne Kind verdeutliche und hörbar mache.

Nach diesen zwei Möglichkeiten, die auf Beobachtungen beruhen, können die eventuell schriftlich vorliegenden Ergebnisse einzelner Kinder oder Gruppen ebenfalls in eine Bewertung einfließen.

Klassenarbeiten und Tests

Klassenarbeiten und Tests, die sich zumindest in den fortgeschrittenen Klassen auch bisher einer Lerneinheit anschließen, sind auch im Zusammenhang mit dem Lernen an Stationen denkbar, machbar und sicherlich bei der derzeitigen Gesetzgebung auch öfters notwendig. Gleichzeitig sei aber auch daran erinnert, dass schriftliche Leistungsmessung nicht in allen Bereichen und im bisherigen Umfang verlangt und erforderlich ist. Häufig stehen schriftliche Abfragungen auch nur deshalb im Vordergrund, weil die Leistungsmessung für uns objektiver erscheint und auch den Eltern so vorkommt bzw. von ihnen so akzeptiert wird. Die Frage nach der Objektivität sei aber erlaubt, wenn die Objektivität allein auf unserer subjektiv erstellten Anforderung und Aufgabenstellung beruht. Der bessere Nachvollzug der Leistungsbewertung ist durch das vorher festgelegte „Punktverteilungssystem" und den Vergleich mit der gewünschten richtigen Antwort möglich, objektiver wird sie aber in ihrem Ansatz deshalb noch lange nicht.

Wenn Sie davon überzeugt sind, lassen Sie Klassenarbeiten schreiben. Sie sollten jedoch nicht nur, wie bisher meist üblich, die Höchstform der erreichbaren Lernleistung abverlangen. Aufgaben in Klassenarbeiten und Tests sollten ähnlich der Aufgabenstellung im Rahmen von Stationen auch auf Zwischenergebnisse und Teilbereiche beschränkt bleiben bzw. diese berücksichtigen. Kinder, die dann eben nur diese Bereiche bearbeiten oder beantworten können, stellen damit die Grenze ihrer Leistungsmöglichkeit deutlicher dar als im bisherigen System und erhalten eben nur für diese Teile eine positive Bewertung. Höhere Anforderungen können sie auch im Test nicht erfüllen und erreichen die dort möglichen Punkte eben nicht.

Die Latte, die es zu überspringen gilt, muss nicht für alle Kinder gleich hoch angesetzt werden. Unterschiedliche Höhen der Messlatte innerhalb eines Tests, einer Klassenarbeit, sagen mehr über die Leistungsmöglichkeit einzelner Kinder aus als das alleinige Messen an einer hohen Messlatte.

In Anlehnung an einen Stationenbetrieb lassen sich schriftliche Leistungsmessverfahren teilweise sehr schwer anlegen, andererseits wiederum sehr leicht gestalten. Wenn das Ziel eine Bearbeitung auf ganz unterschiedlichen Ebenen und Teilgebieten war, lässt sich dies sehr schwer in einen einheitlichen Test einbinden. Statt dessen helfen die notierten Beobachtungen und die Bewertung von Arbeitsergebnissen bei der Notengebung. Auch der Auftrag auf eine entsprechende Darstellung im Rahmen einer Station (als Bericht, Zeichnung, Vorstellung, Rollenspiel, Vortrag usw.) lässt dafür später eine Notengebung sinnvoll zu. Ansonsten kann ich während eines Rundgangs an den einzelnen Stationen mögliche Fragestellungen für eine Klassenarbeit notieren. Teilgebiete mit mehreren Angeboten sind dann ebenfalls berücksichtigt, ebenso unterschiedliche Zugänge und Ausdrucksmöglichkeiten. Die Kinder können innerhalb mehrerer Fragestellungen zu einem Teilthema eine Frage auswählen und bearbeiten, deren „Wertigkeit" dann aber möglichst vorher durch Punktzahlzuweisung bestimmt sein sollte: Innerhalb eines Teilthemas sind z. B. fünf Punkte erreichbar. Zur Bearbeitung stehen insgesamt drei Fragen zur Verfügung. Ein Kind sollte eine davon bearbeiten und kann dann auch nur maximal die für diese Aufgabe vorgesehene Punktzahl erreichen. Die Leistungsmessung geschieht also sehr stark in Anlehnung an die Art der Bearbeitung, die die Kinder für sich individuell „angemessen" auswählen.

Die entsprechenden Fragestellungen beziehen sich dann auch gleichrangig auf Lernweg und Lernergebnis. Wichtig ist jedoch die übergeordnete Fragestellung: Muss es immer eine schriftliche Leistungsüberprüfung sein?

14. Lernen an Stationen und die „Zeitproblematik"

Sehr oft klagen Lehrerinnen und Lehrer über die fehlende Zeit für anderes Arbeiten im Unterricht, wo die Zeit doch schon jetzt nicht reicht. Die Ursachen dafür sind rasch ausgemacht. Noch basiert der Unterricht überwiegend auf einer lehrgangsorientierten Arbeitsweise. Jeder Lehrgang aber verführt zu Vollständigkeit und damit zu Hast und Eile, leider auch zur Oberflächlichkeit. Übungen werden klar geplant und organisiert im Unterricht integriert, viel seltener als Üben durch Anwenden in neue Lernprozesse eingebaut sind.

Wir Lehrerinnen und Lehrer sind es, die den Zeitdruck produzieren, denn wir legen auf der Grundlage weniger Begriffe oder Hinweise im Lehrplan fest, was unserer Meinung nach dazu gemacht werden, bearbeitet werden soll. Hier bedarf es der Auswahlprinzipien, der Beschränkung auf das Wesentliche: *Mut zur Gründlichkeit, nicht Mut zur Lücke.*

In der Grundschule sind noch viele Grundkenntnisse und Grundfertigkeiten zu erlernen, trotzdem kommen auch hier bereits fachorientierte Wissensbereiche dazu. Überblickwissen und vernetztes Denken lassen das Faktenwissen besser einordnen und speichern. Überblickwissen und vernetztes Denken werden meines Erachtens in Zukunft zu Lasten des reinen Faktenwissens immer wichtiger.

Für die Zukunft wird die Förderung der Handlungskompetenz entscheidend sein. Diese Aussage trifft in absehbarer Zeit sicherlich auch für die weiterführenden Schulen zu, bereits heute für das Leben in Familie, Gesellschaft und selbstverständlich im Beruf. Wenn Handlungskompetenz wichtig ist, dann sind Basiskompetenzen gefragt, die das Vehikel darstellen, um vom Wissen zum Handeln zu gelangen.

Basiskompetenzen benötigen kein enges Spezialwissen, sondern Übersichtswissen, Vernetzungsfähigkeit und Entscheidungsfähigkeit in komplexen Situationen. Eigenschaften, die beim Lernen an Stationen erworben werden, weil sie dort ebenfalls notwendig sind. Basiskompetenzen sind ein Verbundsystem aus Wissen und Können, Fähigkeiten und Fertigkeiten, sozialer Kompetenz und Handlungsstrategien.

Die Förderung so grundlegender Kompetenzen ist dann nie Zeitverschwendung, sondern Zeitgewinn. Eben diese Eigenschaften helfen im Laufe der Zeit mit, dass Kinder ihre Fähigkeiten optimaler einsetzen.

Unbestritten ist, dass für das Erreichen derartiger, übergeordneter Ziele Zeitaufwand notwendig ist, mehr Zeitaufwand als beim „Durchlaufen" einer stofforientierten Unterrichtseinheit.

Wo lässt sich Zeit gewinnen?

In der Produkt- oder Anwendungsorientierung des Unterrichts, weil diese bereits aus sich selbst motiviert. Das Üben durch Anwenden verknüpft aktuelle Notwendigkeiten mit Übungseffekten. Sich also bei aktuellen Inhalten Zeit zu lassen und Zeitreserven aus teilweise wegfallenden reinen Übungsteilen zu gewinnen, kann sehr sinnvoll sein. (Die Überlegung: „Was üben wir gerade so nebenbei, indem wir es anwenden" lässt vieles anders sehen.)

Bei fächerverbindendem Ansatz werden „Kompetenzen" der einzelnen Fächer genutzt. Intensive Auseinandersetzung mit Texten oder z. B. das Verfassen von Texten werden dann zumindest intern auch dem Fach Deutsch zugeordnet und bringen dadurch im Sachfach „Entlastung".

Viel Zeit wird durch den Einsatz zuvor gewonnener Kompetenz und Selbstständigkeit gewonnen.

15. Der Einstieg in das Lernen an Stationen

Wie überall gibt es viele Wege, die zum Ziel führen. Wer noch nie einen derartigen Unterricht geplant und gestaltet hat, der sollte sich im Klaren sein, was er mit seinem ersten Versuch erreichen möchte.

Steht die eigene Erfahrung, dass Kinder auch dann etwas lernen, wenn nicht alle zur gleichen Zeit das tun, was wir uns vorstellen, im Vordergrund?

Oder soll der Versuch unternommen werden, den Kindern die Vertiefung eines Themas im Stationenbetrieb zur Bearbeitung anzubieten?

Auch die Möglichkeit, zu einem jahreszeitlich bezogenen Thema unterschiedliche Angebote aus mehreren Fächern zu unterbreiten, bietet sich als sinnvoller Einstieg an.

Im ersten Fall, Erfahrungen mit offenen Lernangeboten, scheint mir ein Stationenbetrieb zum Üben geeignet. Auch wenn Übungsgrundsätze und Eingangskanäle noch wenig Beachtung finden, wird die Erfahrung mit den Kindern eine lohnende sein. Zudem können in diesem Zusammenhang die Kinder aus ihrer Sicht Verbesserungsvorschläge einbringen und sie auch gleich in selbstgestalteten Arbeitsaufträgen umsetzen.

Ein vertiefendes Erarbeiten eines Themas eignet sich aus meiner Sicht dann sehr gut, wenn z. B. vor einem kürzeren Ferienabschnitt eine Einführungsphase möglich ist, die vertiefende Bearbeitung auf die Zeit nach den Ferien verlagert wird. Dann ist genügend Zeit vorhanden (sofern man sich diese auch nimmt), in den Ferien die Teilschritte und Teilthemen aus der Einführungsphase in Arbeitsaufträgen für den Zugang einzelner Kinder aufzubereiten.

Ein Themengebiet aus verschiedenen Fächern her zu beleuchten und dafür Angebote zu machen ist ein sehr guter Einstieg, wenn man mit Kolleginnen oder Kollegen diese gemeinsame Planung und Umsetzung realisieren möchte. Alle beteiligten Personen bringen ihre Vorschläge ein, sie werden koordiniert, unter Umständen in Einzelarbeit gestaltet und fertiggestellt und anschließend wieder als gemeinsames Werk den Kindern angeboten. Falls es die Zeiteinteilung zulässt, ist die Bearbeitung durch mehrere Klassen, zeitlich aufeinander folgend, möglich und damit die „Kosten-Nutzen-Frage" auch positiv beantwortet.

Ein gemeinsamer Raum in der Schule, der für den Aufbau eines Stationenbetriebes geeignet ist und in dem alles stehen bleiben kann, verbessert zumindest organisatorisch die Rahmenbedingungen. Nach Absprache kann theoretisch zu jeder Stunde eines Vormittags eine andere Klasse dort arbeiten. Im gleichen Zeitraum wäre also eine Bearbeitung durch höchstens fünf Klassen möglich. Allerdings gehen damit Vorteile des gleitenden Anfangs nach Pausen, die permanente Beobachtungsmöglichkeit usw. verloren.

Zwei Hinweise an „Neulinge" zum Abschluss: Kinder und Lehrkräfte müssen sich auch an neue Formen gewöhnen. Falls es Ihnen als Lehrerin oder Lehrer irgendwann zu viel wird, so brechen Sie bitte die Arbeit ab und sagen Sie dies den Kindern. Lieber nach zwei Tagen die Fortsetzung des Versuches wagen als auch nur eine kurze Zeit gegen inneren Willen eine Überschreitung der Belastungsgrenze ertragen. Wer sich hier gleich zu viel zumutet, der gibt bald auf und wagt nie mehr einen Versuch.

Kinder arbeiten nach meinen Erkenntnissen mit viel Freude und engagiert an Stationen. Allerdings ist ihr Ziel die möglichst rasche Bearbeitung aller Stationen. Es geht ihnen um die Quantität, für die Qualität haben sie noch nicht die entsprechende Einstellung. Es ist ihnen meist noch nicht bewusst, dass sie etwas lernen und nicht nur Aufgaben erledigen sollen. Dies lässt sich auch aus den Ergebnissen von Tests im Anschluss an einen Übungszirkel ablesen: Meist fällt er schlecht aus. Die Kinder haben nur gearbeitet, wenig gedacht, dann kann das Ergebnis nicht gut werden. In diesen Fällen sage ich ihnen dies ganz klar und deutlich und biete ihnen nochmals einen Zeitraum an, in dem sie weiterarbeiten können und das Lernen in den Mittelpunkt stellen. Selbstverständlich mündet der erste Test nicht in eine Wertung, der dann folgende fällt viel besser aus.

Auch hier gilt: Wer Kindern die Lösung eines Problems vorträgt, betrügt sie um die eigene Erfahrung. Diesmal ist es eben die Erfahrung im Zusammenhang mit Lernen und Leisten.

III. Übergreifende Gesichts-
punkte und Auswirkungen

16. Qualitätskriterien für das Lernen an Stationen

In diesem Kapitel sollen die Ziele des Lernens an Stationen nochmals dargestellt werden. Wichtige Kriterien eines Lernzirkels leiten sich daraus ab und werden mit allgemeinen Qualitätskriterien in Verbindung gebracht. In diesem Kapitel soll einerseits eine wertende Reflexion der eigenen Arbeit angeregt werden. Andererseits stellen solche Aussagen auch Grundlagen dar, die für eine Beratung und Bewertung eines derartigen Unterrichts von Bedeutung sind.

Ziele

Den Kindern sollen individuell angemessene Entwicklungsbedingungen bereitgestellt werden. Dadurch ist das Lernen und Handeln bei jedem Kind optimal zu fördern. Eine optimale Förderung ist nur angemessen, wenn unterschiedliche Lernformen und Lernwege ermöglicht werden, Leistungsanforderungen abgestuft und dem Kind angemessen sind.

Arbeitsweisen und Inhalte

Es soll den Kindern verweilendes und in die Tiefe gehendes Arbeiten ermöglicht werden. Die vorhandene Zeit steht den Kindern für die Klärung von Sachen und Beziehungen zur Verfügung. Dies fällt ihnen leicht, weil die Lebenswirklichkeit aufgegriffen ist, zur Klärung ansteht und die Kinder bereichert. Der Unterricht berücksichtigt Dinge, die für die Kinder bedeutsam sind. Sie werden angeregt, über Dinge aus ihrem Lebensinhalt nachzudenken, und sehen ihren Wunsch, etwas zu entdecken, auszuprobieren, bestärkt. Über Erfahrungen im konkret Handwerklichen können die Kinder zu geklärtem Wissen gelangen. Ziel dieses Unterrichts ist neben der Handlungsebene und dem Bezug zum Kind die notwendige Reflexion, ohne die Lernen keinen dauerhaften Erfolg hat. Die Möglichkeit dazu soll geschaffen werden, wenn Kinder das Verstandene mit Sprache festhalten und nach Klärung und Verlauf des Lernprozesses ihr Ergebnis individuell dokumentieren.

Sozialer Bereich

Die Unterrichtsform soll dazu beitragen, dass die Kinder zunächst zeitliche Strukturen aufbauen können (Zeit selbst einteilen und gestalten). Für den Rahmen eines Miteinander sind gemeinsam erarbeitete Regeln unabdingbar, die gefestigt werden sollen. Im Sozialverhalten gilt es demnach, dass die Kinder mit den Freiräumen umgehen lernen, Beziehungen untereinander aufbauen und einander helfen.

Zusammenfassung

Mit dem Lernzirkel sollen folgende Ziele erreicht werden:

allgemein

- Bereitstellung angemessener Entwicklungsbedingungen für alle Kinder;
- selbstständiges Lernen und Handeln bei jedem Kind optimal fördern;
- Leistungsanforderungen abgestuft und dem Kind angemessen darstellen.

Arbeitsweisen und Inhalte

- verweilendes und in die Tiefe gehendes Arbeiten;
- die Zeit für die Klärung von Sachen und Beziehungen nutzen;
- die Lebenswirklichkeit der Kinder aufgreifen, klären und bereichern;
- der kindlichen Phantasie Raum zur Entfaltung geben;
- Kinder anregen, über die Dinge nachzudenken;
- Erfahrungen im konkret Handwerklichen machen;
- Dinge berücksichtigen, die für die Kinder bedeutsam sind;
- das Interesse durch die Wirklichkeit in oder außerhalb der Schule steigern;
- die Kinder sollen durch eigenes Tun zu geklärtem Wissen gelangen;
- den Kindern intensive handelnde und sprachliche Auseinandersetzung ermöglichen;
- den kindlichen Wunsch, etwas zu entdecken und auszuprobieren, bestärken;
- das Verstandene mit Sprache festhalten;
- nach der Klärung Verlauf und Ergebnis dokumentieren (individuell).

sozial

- Beziehungen untereinander aufbauen;
- einander helfen;

▪ gemeinsam Regeln erarbeiten und einüben;
▪ mit Freiräumen umgehen lernen.

Diese in der Zusammenfassung vorgenannten Aussagen stellen keine willkürliche Darstellung des Autors dar, sondern sind in freier Formulierung die in fast allen Bildungsplänen/Rahmenplänen/Arbeitsanweisungen/Lehrplänen formulierten Anforderungen an einen kindgerechten Grundschulunterricht.

Wichtige Kriterien, die ein „gutes" Lernen an Stationen kennzeichnen

Stellung des Lernzirkels im Unterricht

Es ist für das Lernen von großer Bedeutung, wie die Kinder auf neue Themen und Techniken vorbereitet sind. Die Einbindung der Kinder in die Planung, die Vorbereitung und in die Vorarbeiten ist dabei sehr wichtig. Kinder können bereits dadurch erfahren, dass Unterricht eine gemeinsame Arbeit darstellt. Es ist nicht das Ziel beim Lernen an Stationen, dass zunächst nur die Lehrerin und der Lehrer arbeiten und die Kinder dann entscheiden können, ob sie sich auf dieses Angebot einlassen wollen oder nicht. Beim Lernzirkel ist entscheidend, dass die Kinder den Unterricht durch ihr eigenes Tun entscheidend mitgestalten. Bereits die Einführung eines Lernzirkels gibt hier Auskunft über die Stellung im Unterricht. Wenn den Kindern Eigenverantwortung und selbstständiges Arbeiten zugetraut und zugemutet wird, dann sind weder Geheimnistuerei noch lange Erklärungen notwendig. Gespräche und der Austausch der Kinder untereinander sowie mit der Lehrkraft sind nur ein Teil von Gemeinsamkeit. Rückmeldungen und Mitteilungen sind im Plenum (Sitzkreis) eine weitere Möglichkeit, in gemeinsamen Phasen „einsame" Arbeit zu reflektieren.

Ökonomie

Im Zusammenhang mit Prüfungslehrproben, Unterrichtsbesuchen usw. wurden schon immer und werden auch heute noch außergewöhnliche Leistungen erwartet und dargestellt. Der Aufwand für Materialherstellung und -bereitstellung steht dabei selten in einem vertretbaren Zusammenhang zur Verwendung im Unterricht. Selbstverständlich ist schwer definierbar, was ein vertretbarer Aufwand ist, zumal wenn unter Umständen die ganze Zukunft von eben dieser Stunde abhängig wird. Trotzdem scheint mir die bisherige Praxis des Immer-mehr, Immer-höher, Immer-besser überdenkenswert und Fragen nach einer angemessenen Relation von Aufwand, Material usw. zum beabsichtigten Erfolg berechtigt.

Ökonomie wäre in der Wirtschaft sicherlich das richtige Stichwort und das hat hier auch seinen Stellenwert. Schon bisher klagen viele Lehrerinnen und Lehrer zu Recht über die immer größer werdende Belastung, psychischer und physischer Natur. Diese Belastung ist vorhanden oder wird zumindest von den Betroffenen so empfunden. Sie muss ernst genommen werden. Keinesfalls soll jetzt durch eine Mehrarbeit zu Hause den Belastungen in der Schule mehr Raum zur Verfügung gestellt werden. Dann, so denke ich, sollten aber auch in die Ausbildung Inhalte einfließen, die ökonomisches Arbeiten berücksichtigen und fördern. Sei dies nun der Einsatz guter Textverarbeitungsprogramme oder ganz praktische Erfahrungen bei der Materialherstellung.

In der Bewertung dürfen dann aber nicht mehr die herausragend hergestellten Materialien allein Berücksichtigung finden. Die Ökonomie, also das Verhältnis von Aufwand und Ergebnis, mit Berücksichtigung des Materialbedarfs, müssen dann ebenso eine Bewertung erfahren.

Inhaltliche Struktur

Den Bearbeitern und möglichen Beobachtern sollten auf der Grundlage der äußerlich sichtbaren Struktur die beabsichtigte Art und das beabsichtigte Ziel des Lernens erkennbar sein: nämlich ob es sich um das Erarbeiten, ein sinnvolles Üben oder die Berücksichtigung unterschiedlicher Lernmöglichkeiten und Lernformen handelt. Wesentlich im Zusammenhang mit den Inhalten ist für mich, dass sich die Bandbreite von schlichtem Nachmachen bis hin zu ganz offenen produzierenden Angeboten erstreckt.

Didaktisch-methodisches Gestalten der Arbeitsstationen

Die Art der Arbeitsanweisung besitzt über ihre Aufmachung, die Berücksichtigung unterschiedlicher Ansprüche und Darstellungsformen usw. einen Vorrang. Beratenden und weiterführenden Hinweisen bei den Stationen ist jedoch gleich hoher Stellenwert einzuräumen. Ein Arbeitsauftrag ist nur so gut wie seine Eindeutigkeit oder Offenheit und wie eventuell erforderliche Hilfsangebote, die ihn selbstständig umsetzen lassen.

Bei der Verwendung der Sprache wird gerne nach „kindgerechter Sprache" geforscht. Ist demnach unsere Sprache öfters nicht kindgerecht? Ich denke, Kinder sollen die von uns verwendete, hoffentlich gute Sprache erlernen. Dann sollten wir den Kindern unsere Sprache auch zumuten, auch beim Erstellen von schriftlichen Arbeitsanweisungen. Falls Befürchtungen bestehen, manche Kinder könnten das nicht verstehen oder umsetzen, gibt es zwei Lösungswege: diesen Kindern eventuell andere Angebote über Bilder o. Ä. machen oder die Verständlichkeit durch häufige Anwendung entwickeln.

Eine Kennzeichnung der einzelnen Stationen durch Farbe, Symbole usw. ermöglicht den Kindern das Erkennen von Zusammenhängen. Kontrollmöglichkeiten für die Kinder, möglichst Selbstkontrolle, übergeben den Kindern Verantwortung und entlasten die Lehrerin, den Lehrer.

Äußere Form

Zunächst fällt in einem Klassenzimmer allen die übersichtliche und klare Anordnung bzw. Bereitstellung der einzelnen Arbeitsaufträge, oder das Gegenteil davon, auf. Zu viel Material im Klassenzimmer, mangelnde Freiräume oder oberflächliche Beachtung von einfachen Ordnungskriterien behindern eine sinnvolle Übersicht und die sinnvolle Arbeit für viele Kinder.

Dasselbe gilt für die Betrachtung der einzelnen Aufträge. Ästhetik bei der Gestaltung der Arbeitsaufträge und „saubere" Ausführung sind unabdingbar, wenn wir von den Kindern auch ordentliche Arbeit erwarten oder einfordern.

Auch für die Gestaltung und die Art des Laufzettels gelten solche „äußeren" Anforderungen, da sie ununterbrochen im Unterbewussten ihre Wirkung durch entsprechende Prägung ausbreiten.

Um Ordnung zu halten sind Ordnungsrahmen notwendig. Einen Ordnungsrahmen stellen Möglichkeiten der Ablage, der Hinweis auf den Verbleib von Arbeitsergebnissen und Teilergebnissen, Hinweise auf die gewünschte Art der Ergebnisdarstellung usw. dar. Wenn wir von den Kindern bestimmte Anforderungen verlangen oder Ansprüche an die Ausführung von uns gestellt sind, müssen sie den Kindern auch vorher allgemein oder über den Arbeitsauftrag verdeutlicht werden. Wenn dies nicht der Fall ist oder den Kindern Offenheit zusteht, sollten sie dies ebenso deutlich erfahren.

Sozialformen

Wer den Kindern unterschiedliche Sozialformen ermöglicht, anregt oder vorschreibt, lässt sie auch Erfahrungen auf allen Ebenen machen, Vorlieben entwickeln und neue Möglichkeiten kennenlernen. Der Aufbau eines Helfersystems und die Unterstützung dessen fördern in allen Bereichen soziale Tugenden, die für das gedeihliche und wertschätzende Zusammenleben notwendig sind: wahrnehmen und zuhören können, aufeinander eingehen usw.

Rolle der Lehrerin, des Lehrers

Aussagen zur veränderten Lehrerrolle, die ebenfalls ein Kriterium im Zusammenhang mit dem Lernzirkel darstellt, finden Sie nach der anschließenden stichwortartigen Zusammenstellung.

Zusammenfassung

Wichtige Kriterien eines Lernzirkels

Stellung des Lernzirkels im Unterricht
- Vorarbeiten/Vorbereitung auf
- Einführung des Lernzirkels
- Gemeinsame Phasen (Gespräch, Austausch, Rückmeldung)

Ökonomie
- Relation Aufwand/Material/zeitliche Inanspruchnahme

Inhaltliche Struktur
- Art des Lernzirkels (Übungszirkel, Erarbeitungszirkel)
- Berücksichtigung von Unterschieden im Leistungsstand, bei den Lernformen, den Eingangskanälen usw.
- Unterschiedliche Angebote (reproduzierende und produzierende, nicht nur Anhäufung von Arbeitsblättern!!)

Didaktisch-methodisches Gestalten der Arbeitsstationen
- Art der Arbeitsanweisung
- Hilfen bei „Nichtkönnen"
- Verwendung der Sprache
- Kennzeichnung, die Struktur erkennen lässt
- Kontrollmöglichkeiten für Schüler und Lehrer

Äußere Form
- Ästhetik bei der Gestaltung der Arbeitsaufträge
- Art der Bereitstellung
- Beginn der Zirkelarbeit
- Erstzuweisung/freie Auswahl
- Laufzettel/Übersicht
- Ablage der erledigten Arbeiten

Sozialformen
- unterschiedliche Sozialformen möglich (Einzel-, Partner-, Gruppenarbeit)
- Helfersystem

Lehrerrolle

17. Die veränderte Rolle der Lehrerin oder des Lehrers in einem schülerorientierten Unterricht

Die Lehrerin oder der Lehrer verlässt die bisher überwiegende, zentrale Anweisungs- oder Vermittlungsrolle. Stattdessen sollen sich die Kinder möglichst direkt mit den Unterrichtsinhalten auseinandersetzen. Die Voraussetzung für diese Aneignung ist freilich, dass die Inhalte entsprechend aufgearbeitet sind, so dass es tatsächlich verschiedene Angebote und Zugänge für die individuellen Lerntypen und Lernniveaus gibt.

Damit ändern sich Aufarbeitung und Vorbereitung der Inhalte maßgeblich, zumal das Ziel die direkte und individuelle Auseinandersetzung der Kinder mit den Stoffinhalten und Verfahren selbst ist.

Es entfällt sowohl die arbeitserleichternde Fiktion eines Durchschnittskindes, auf das hin bisher meist präpariert wurde, allerdings auch die Möglichkeit, als zentrale Vermittlungsinstanz jederzeit zu kontrollieren, einzugreifen, zusätzliche Erklärungen geben zu können.

Damit ist ein Schwerpunkt der veränderten Lehrerrolle in der Vorbereitung und Aufarbeitung des Stoffes und in der Organisation des Unterrichts zu sehen, der den Kindern einen optimalen direkten Zugang zu den Inhalten ermöglichen soll.

Die neue Rollendefinition wird während des eigentlichen Unterrichts deutlich: Lehrerin und Lehrer treten aus dem Mittelpunkt des unterrichtlichen Geschehens in den Hintergrund. Aus dem bisherigen zentralen Vermittler wird die Lehrerperson zum Initiator und Moderator von Lernprozessen, zum Berater und Beobachter.

Zu diesen mehr fachlich orientierten Angaben und Aufgaben treten ebensolche im sozialen und personalen Bereich der Kinder. Als „Supervisor" über das ganze unterrichtliche Geschehen ist die Lehrerin oder der Lehrer verantwortlich für eine ausgeglichene Förderung in allen Bereichen. Für die personalen Ziele bedingt dies eine intensivierte Auseinandersetzung mit dem einzelnen Kind und eine differenzierte Beobachtung der Hintergründe und Voraussetzungen, seines Lerntyps, seines Entwicklungsstandes in persönlicher und sozialer Sicht. Auch die sozialen Ziele müssen bereits durch die Planung und Vorbereitung berücksichtigt sein, damit im Unterricht genügend gemeinschaftsstiftende und -stärkende Situationen sowie genügend Gelegenheiten zum sozialen Lernen geboten werden. Dies ist integrativ möglich, indem das alltägliche individualisierte Lernen so angelegt ist, dass soziales Handeln und Kommunikation im Rahmen von Partner- und Gruppenarbeit, kommunikativen Aufgabenstellungen und eventuell Gemeinschaftsergebnissen möglich sind. Daneben sollten aber „Gemeinschaftsveranstaltungen" wie Gesprächskreise, Berichtsrunden, gemeinsames Singen und Spielen, Rollenspiele und herkömmliche Klassengespräche festen Bestand im Unterricht haben. Diese Art zu arbeiten soll aber den lang gepflegten „Unformen" von Unterricht gegenübergestellt werden, bei denen sich der Unterricht in langen Sequenzen individueller Einzelarbeit mit kompensatorisch angehäuften „Erzählphasen" darstellen ließ.

Die Rolle der Lehrerin, des Lehrers

Im herkömmlichen (auch stark stofforientierten) Unterricht steht die Persönlichkeit der Lehrperson im Zentrum der Aufmerksamkeit. Die Kinder sind auf sie fixiert. Nun steht im Unterricht die Persönlichkeit des Kindes im Mittelpunkt.

Die Lehrerin, der Lehrer

- tritt aus dem Zentrum heraus, damit sich das Kind entfalten kann, wird jedoch keinesfalls überflüssig,
- wendet sich seltener an die ganze Klasse,
- wendet sich dagegen häufiger an einzelne Kinder, die in diesem Moment Hilfe benötigen,
- beobachtet arbeitende Kinder und erkennt kostbare Augenblicke der Konzentration,
- führt häufiger einzelne Kinder in neue Sachverhalte ein oder hilft ihnen dabei,
- spricht weniger,
- stellt Angebote für unterschiedliches Arbeiten, unterschiedliche Zugänge zur Verfügung,
- wird sichtbar weniger aktiv sein,
- ist eher passiv, damit Kinder aktiv sein können,
- lässt Kinder sich frei bewegen,
- hilft Kindern in diese Bewegung Ordnung zu bringen und Rücksicht zu üben,
- muss seltener zur Ruhe auffordern, denn Ruhe entsteht auch durch Konzentration auf selbstgewählte Unterrichtsgegenstände. Es entsteht eine von innen kommende Ruhe, die nicht angeordnet werden muss!

18. Kriterien für guten Unterricht

Unterricht ist dann gut,

- wenn die Kinder nicht nur solides Fakten- und Lexikonwissen, sondern vor allem auch Wissen um Zusammenhänge und Verfahren, wenn sie Einsicht und Verständnis, Interesse und werterfüllte Einstellungen aufbauen können;

- wenn das ganzheitliche Wissen und Können in Erfahrungen, in Handlungsfeldern und Gestaltungsräumen verwurzelt ist und zur Anwendung kommen kann;

- wenn das schulische Lernen Initiative, Selbstständigkeit, Selbstvertrauen, Lernfreude und Verantwortung ermöglicht, unterstützt, fördert und auch fordert;

- wenn der Sinnbezug des Lernens immer wieder in der Einheit von Erleben – Handeln – Denken – Gestalten/Formulieren erlebt und bewusst erfahrbar wird;

- wenn die Kinder selber handeln, entdecken, vermuten, überprüfen, ausprobieren, untersuchen, beweisen, darstellen (skizzieren, fotografieren, zeichnen, filmen, spielen, schreiben, reden …) können, wenn sie ihre Lernwege selber entwerfen und beschreiten können;

- wenn sich die Kinder wohl fühlen, Lernerfolgserlebnisse haben, fremde und eigene Gefühle wahrnehmen und ausdrücken lernen, Konflikte austragen und

- wenn sie schließlich immer wieder erfahren, wie das gemeinsame Handeln bereichert und erfüllt.

Können Sie sich vorstellen, sich auf dieser Grundlage von den Kindern Ihrer Klasse „beurteilen" zu lassen?

19. Qualitätskriterien für offene Unterrichtsformen (Freie Arbeit, Tagesplan, Wochenplan, Stationenlernen, Projekte)

Das Lernen an Stationen als ein Weg zur Höchstform selbstständigen Lernens, der Freiarbeit (Studierfähigkeit) steht im Hintergrund, wenn ich die Qualitätskriterien nun allgemeiner beschreibe und auf offene Unterrichtsformen ausdehne.

Zu Beginn meiner Ausführungen habe ich einführende Gedanken an dem Bild einer Blume entwickelt.

Zum Abschluss sollen nun die Qualitätskriterien und damit ein abschließender Überblick ebenfalls an einem Bild entwickelt werden. Zum Teil fließen in meine Darstellungen einzelne Punkte ein, die ihren Ursprung in den Ausführungen von Wulf Wallrabenstein finden (1995, S. 168 ff.).

Grundprinzipien des Unterrichts

Offenen Unterricht sehe ich als Haus. Die Basis, auf der das Haus steht, das sichere Fundament, sind die *Grundprinzipien des Unterrichts:*

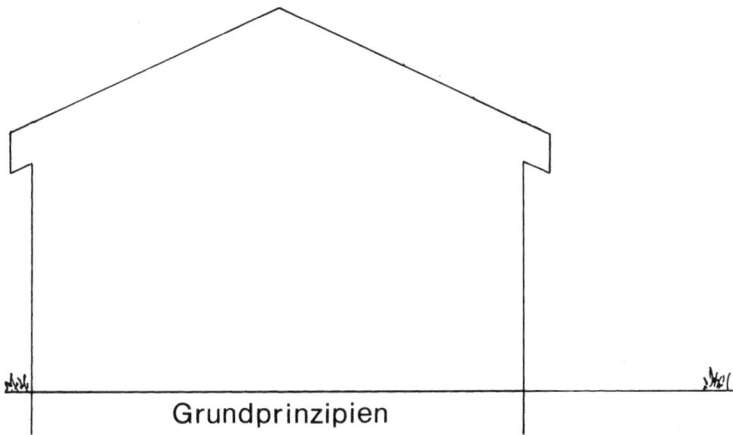

Grundprinzipien

Vom obersten Unterrichtsprinzip, dass der Unterricht als gemeinsame Arbeit verstanden wird, leitet sich die Folgerung ab, dass die Kinder den Unterricht mitgestalten. Sie sind in Planung und tägliche Gestaltung eingebunden. Dies ist in direkter Form möglich, indem sie zunächst ebenfalls Zeit bekommen und haben, sich auf neue Inhalte vorzubereiten, Wünsche einzubringen, und indem sie Helfer- und Moderatorenrollen übernehmen. In indirekter Form geschieht es durch die Gestaltung oder Mitgestaltung einzelner Lernstationen.

Eine intensive Auseinandersetzung mit angemessenen Arbeitsaufträgen und Sachverhalten ermöglicht den Kindern jeweils individuell, die Unterrichtszeit auch als sinnvolle Arbeitszeit zu nutzen. Im Gegensatz dazu würden Erklärungen an wenige Kinder Unterrichtszeit verschwenden. Wenn die Unterrichtszeit intensiver genutzt wird, kann sich ein weiteres Grundprinzip besser realisieren lassen: Die *Stofferarbeitung* und *-verarbeitung*, das Üben, die Arbeit überhaupt *wird in der Schule geleistet* und erfolgt nicht auch noch über Hausaufgaben.

Wer Unterricht unter diesen Aspekten betrachtet und sieht, für den ist unumgänglich festzustellen, dass in einem derartigen Unterricht das Kind neben den Inhalten wenigstens gleichrangige Beachtung erfährt.

Umgangsformen

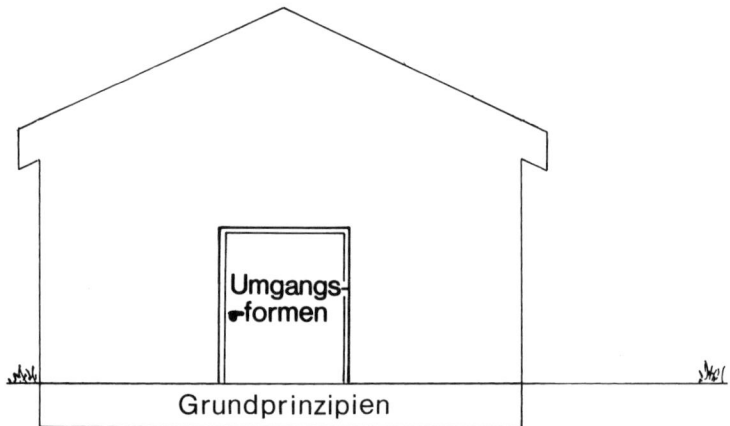

Den Zugang zu einem wertvollen Unterricht stelle ich durch die Haustür dar. In der Schule sind klare Regeln für den Umgang miteinander nötig, weil viele Kinder und eine Lehrkraft geregelt und sinnvoll miteinander oder nebeneinander arbeiten sollen. Diese Regeln sollten nicht im Trockenkurs erstellt werden oder gar von der Lehrerin, dem Lehrer vorgegeben sein. Situationen, die sich auf die Arbeit Einzelner oder der ganzen Klasse negativ auswirken, müssen gemeinsam besprochen werden. Diese Gespräche führen zu gemeinsamen Regeln und der Festlegung, was bei einem entsprechenden Regelverstoß zu erwarten ist.

Solche gemeinsamen Regelungen berücksichtigen dann auch, dass Kinder in ihrer emotionalen Befindlichkeit angenommen werden, weil Kinder an ihrer Entstehung beteiligt sind und betroffene Kinder entsprechend argumentieren. Wenn Konflikte nicht unterdrückt, sondern bearbeitet werden, erfährt der Unterricht neben allen stofflichen Betrachtungen und Notwendigkeiten eine Gewichtung im Sinne sozialen Lernens. Zu den Umgangsformen zähle ich auch Lob, Ermutigung, Humor, um zunächst eher gefühlsbetonte Handlungen zu beschreiben, genauso aber auch Pünktlichkeit, Verlässlichkeit, gegenseitige Wertschätzung usw.

Dass an die Umgangsformen der Lehrkräfte im Zusammenhang mit ihrer Vorbildwirkung besonders hohe Anforderungen gerichtet sind, versteht sich wohl von selbst.

Freiräume

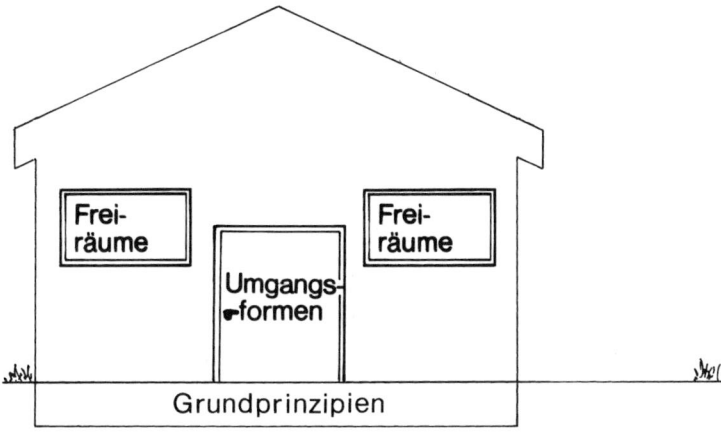

Ein Haus benötigt Fenster, die Licht und Luft ins Haus lassen. Fenster an vielen Orten und mit unterschiedlichem Ausblick. Sie sind die Freiräume, sie ermöglichen in einem bestimmten Organisationsrahmen, dass sich Kinder für einen bestimmten Ausblick entscheiden können und sollen. Möglichkeiten sind Angebote zum vertiefenden Lernen, zum spielerischen Lernen, zum selbstständigen Lernen und zum Entdecken. Um dies zu fördern, stehen den Kindern handlungsorientierte Materialien und Angebote zur Verfügung oder werden von ihnen mitgebracht bzw. ausgewählt.

Zur Freiheit gehört aber auch, dass die Kinder nicht nur den engen oder weiten Rahmen der zur Verfügung stehenden Angebote zur Bearbeitung nutzen können. Neben den sonst üblichen reproduzierenden Angeboten produzieren sie selbst ideenreiche, phantasievolle und für sie wichtige Verfahren und Ergebnisse.

Selbstständigkeit

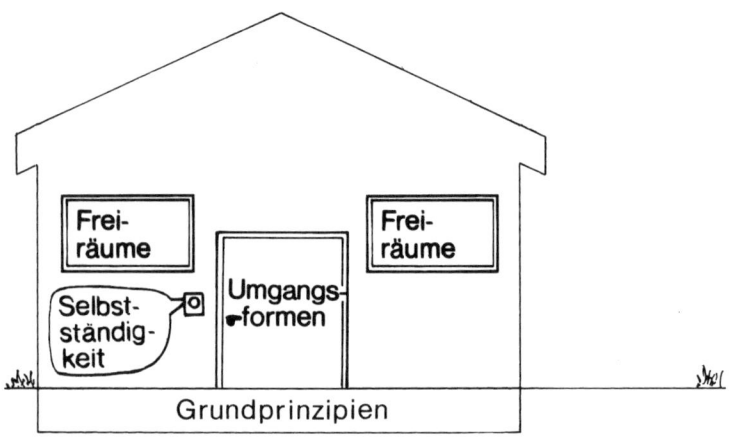

Was könnte die Selbstständigkeit an einem Haus, den Zutritt zum Haus besser charakterisieren als der Klingelknopf, die Sprechanlage.

Kinder entscheiden sich aktiv für eine Arbeit. Sie müssen sich zuerst entscheiden, dass sie etwas tun wollen, was schon eine sehr große Leistung darstellt. Sie entscheiden sich selbst bei der Auswahl und der Abfolge der Arbeiten. Vielleicht ergeben sich dann auch ganz andere Folgearbeiten, die für Kinder einen Sinn haben und von ihnen aus eigenem Antrieb entwickelt, angenommen und bearbeitet werden.

Auch die Hilfe, die Zeit, die ein Kind zunächst bereit ist für ein anderes aufzubringen, kann zwar angeregt, sollte aber weitgehend in die Selbstständigkeit der Kinder übergeben werden. Kinder bauen sich ihr Helfersystem selbstständig auf, wenn wir den Rahmen dafür zur Verfügung stellen und die Möglichkeiten sich entwickeln lassen.

Öffnung zur Umwelt

Jedes Haus „verdient" (zumindest nach schwäbischen Vorstellungen) einen Garten. Er stellt für mich diese Öffnung nach außen sinnbildlich dar.

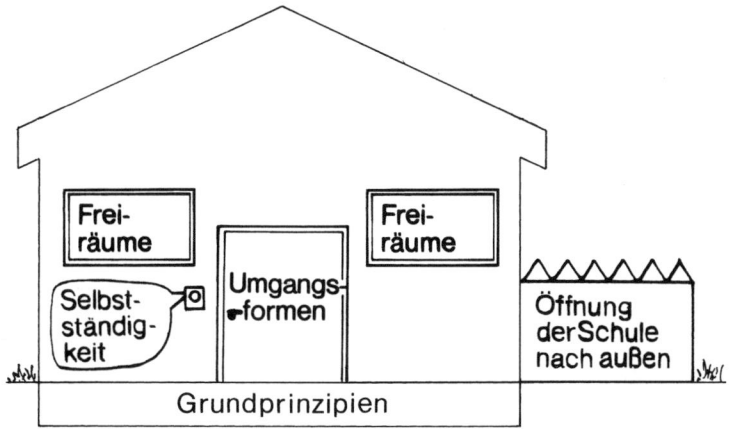

Besser als die Umwelt auf Bildern, in Texten oder sonstigen Medien ins Klassenzimmer zu holen, ist die direkte Begegnung mit der Umwelt außerhalb des Klassenzimmers, wo immer es möglich ist. Primärerfahrungen sind in unserer Medienwelt immer seltener. Erkundungsgänge und die Einbeziehung von Experten, die ihr „Material" als Lernobjekt vor- und zur Verfügung stellen, können Primärerfahrungen ermöglichen.

Sprachkultur

Schutz gegen Einflüsse von außen und von oben stellen als Überbau das Dach
für sinnvolles und verinnerlichtes Lernen und Leben dar.

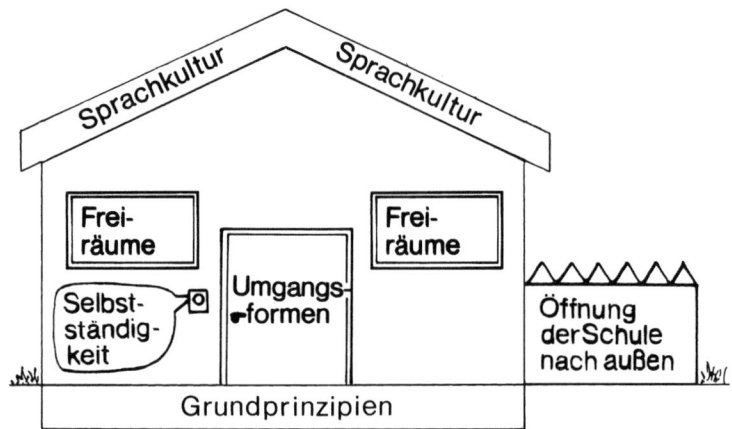

Unter Sprachkultur verstehe ich beides, die Ausbildung und Pflege einer
Gesprächskultur und die Förderung einer Schriftkultur. Es unterscheidet ja
uns Menschen von allen anderen Lebewesen, dass wir unsere Erfahrungen und
Erkenntnisse nicht nur zeigen können, sondern verschriftet anderen mitteilen
und in dieser Form auch aufbewahren. Lohnende Anlässe für Gespräche und
das Aufschreiben sind konkrete Erfahrungen, sinnliche Erfahrungen und
Mitteilungen über Gefühle. Die entsprechende Kopplung von Erfahrung,
Versprachlichung und Verschriftung ist sicherlich auch ein Beitrag zum Denken im Sinne von Piaget: Denken als verinnerlichtes Handeln. Erzählen über
Handlungen, Beschreiben von Handlungen usw. fördern den freien Ausdruck
beim Sprechen und den freien Ausdruck in Texten.

Kreisgespräche ohne direkte Steuerung und Festlegung auf ein bestimmtes
Thema unterstützen diesen Ansatz.

Rolle der Lehrerin und des Lehrers

Auch wenn viele Tätigkeiten und Verantwortungen an die Kinder abgegeben werden, bleiben wir notwendig als der gute Geist im Haus. Unsere Aufgaben werden nur anders gewichtet, erhalten neue Schwerpunkte. Neben der inhaltlichen Arbeit, für die wir die Führungsverantwortung behalten, auch wenn wir an die Kinder die Handlungsverantwortung abgeben, erhält die Beziehungsarbeit Gleichrang. Geduld und Gelassenheit sind Grundvoraussetzungen, um Toleranz für langsame und lernschwache Kinder aufzubringen. Störungen und Konflikte gibt es immer; sie als Signale anzunehmen und mit den richtigen Bearbeitungsinstrumenten Klärungen herbeiführen unterstreicht die Betonung der Beziehungsarbeit und gibt den Kindern die Möglichkeit, *an uns* etwas zu lernen.

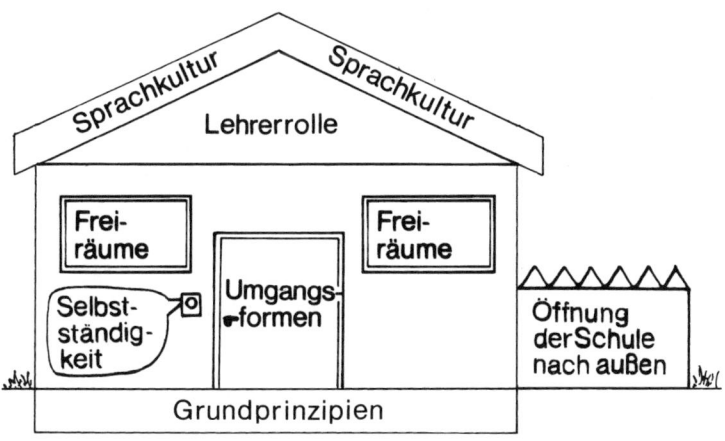

An Lehrerfragen sind solche Ansätze zu erkennen. Lehrerfragen, oder besser vielleicht Lehrerimpulse, die Fragen der Kinder anregen, haben eine andere Ausrichtung als Fragen, die „nur" eine richtige Antwort ermöglichen. Problemlösungsorientierte und anwendungsorientierte Impulse regen bei den Kindern Arbeit und weiterführende Fragestellungen an. Über Fragen können wir uns unserer veränderten Rolle bewusst werden. Bisher, zumindest im Rahmen eines fragend entwickelnden Unterrichtsgesprächs, stellten wir häufig die Fragen. Komischerweise gingen unsere Fragen (deren Antwort wir ja bereits wussten) an die, welche die Beantwortung unserer Fragen erst über den Unterricht selbst lernen sollten.

Lernberatung

Ein Haus, das nicht beheizbar ist, wird zu manchen Jahreszeiten in unseren geographischen Breiten ungemütlich. Auch meinem Haus des Unterrichts geht es so. Der wärmende Kamin soll „Lernberatung" verdeutlichen.

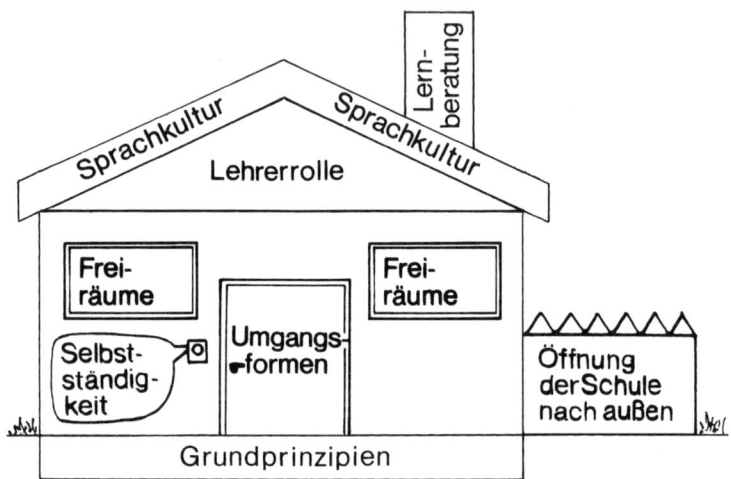

Wenn Kinder mehr selbst lernen sollen, benötigen sie Hilfen beim Lernen oder Hilfen zum besseren Lernen. Das meine ich mit Lernberatung. Diese Hilfen sind in offenen Unterricht integriert und werden für die Lehrerinnen und Lehrer durch die anderen Schwerpunkte auch zeitlich möglich. Umwege, Irrwege der Kinder werden genauso wie Fehler als Bestandteile des Lernprozesses akzeptiert, vielleicht sogar unterstützt. Beratung und Unterstützung durch uns beziehen sich dann auch auf das Umgehen mit Fehlern und die Beschäftigung mit leistungsschwächeren Kindern.

Diagnosebereitschaft und Diagnosekompetenz bei Leistungsversagen sind dann jedoch Voraussetzungen für eine richtige und am Kind orientierte Beratung.

Zusammenfassung

Qualitätskriterien für offenen Unterricht

Grundprinzipien des Unterrichts

- Unterricht wird als gemeinsame Arbeit gesehen.
- Schüler gestalten den Unterricht mit.
- Unterrichtszeit wird als Arbeitszeit für alle Schüler genutzt (nicht durch Erklärungen an wenige Schüler verschwendet).
- Stoffbearbeitung geschieht im Unterricht und nicht über Hausaufgaben.
- Die Person erhält gleichrangige Beachtung.

Umgangsformen

- Klare Regeln werden von beiden Seiten eingehalten.
- Schüler werden in ihrer emotionalen Befindlichkeit angenommen.
- Konflikte werden bearbeitet, nicht unterdrückt.
- Gewichtungen erfolgen im Sinne sozialen Lernens.
- Loben!
- Ermutigen!
- Humor zeigen!

Freiräume

Schüler erhalten im Organisationsrahmen Freiräume zum
- vertiefenden Lernen,
- spielerischen Lernen,
- selbstständigen Lernen,
- entdeckenden Lernen.
- Die Materialien sind handlungsorientiert.
- Neben reproduzierende Arbeiten werden produktive Arbeiten gestellt.

Selbstständigkeit

- Lernprozesse werden durch die Schüler (auch bei der Auswahl) aktiv gesteuert.
- Schüler helfen sich untereinander (Helfersystem).
- Schüler entscheiden sich selbstständig.

Öffnung zur Umwelt

- Direkte Begegnung mit der Umwelt
- Sekundärerfahrungen
- Erkundungsgänge
- Einbeziehung von Experten

Sprachkultur

- Kopplung von konkreter Erfahrung und Sprache
- Kopplung von sinnlicher Erfahrung und Sprache
- Förderung von Gesprächskultur (Aufstellen und Einhalten von Gesprächsregeln durch Lehrer und Schüler)
- Förderung von Schriftkultur
- freier Ausdruck in Texten
- Sprachspiele
- Kreisgespräche (auch freie, ohne direkte Steuerung)

Lehrerrolle

- Beziehungsarbeit erhält neben inhaltlicher Arbeit Gleichrang.
- Geduld und Gelassenheit sind gefragt.
- Toleranz für langsame und lernschwache Schüler ist selbstverständlich.
- Lehrerfragen sind problemlösungs- und anwendungsorientiert.
- Störungen und Konflikte werden mit „richtigen" Bearbeitungsinstrumenten geklärt.
- Die eigene Rolle wird reflektiert.

Lernberatung

- Beratungssituationen sind in den Unterricht integriert.
- Umwege, Irrwege, Fehler werden als Bestandteile des Lernprozesses akzeptiert.
- Alle Schüler werden beraten und unterstützt, auch die leistungsschwachen Schüler.
- Mit Fehlern wird aktiv umgegangen (Ursachen ermitteln).
- Bei Leistungsversagen zeigt der Lehrer Diagnosebereitschaft (und -kompetenz).

20. Zusammenfassung und Ausblick

In Verwaltungen, in Betrieben der Wirtschaft, überall ist eindeutig zu beobachten, dass Verantwortung nach unten verlagert wird. Dem Einzelnen wird mehr Verantwortung für sein Tun übergeben und zugemutet, für mich ein sehr positiver Trend, der dem einzelnen Menschen mehr zutraut. Hierarchien sind immer bremsende „Institutionen", die Entscheidungen verlangsamen, oft sogar verhindern. Diesem Trend nach Verantwortungsverlagerung nach unten sollte sich die Schule nicht verschließen und wird es auch nicht können, was nicht heißen soll, dass wir in der Schule Trends aus der Gesellschaft übernehmen müssen.

In unserer derzeitigen Gesellschaft schwinden alte Familienstrukturen, in denen es immer noch die Erfahrung der älteren Familienmitglieder gab, die sehr lange Verantwortung mitgetragen haben. Heute muss ein Jugendlicher, häufig schon ein Kind, in vielen Bereichen Verantwortung für sich übernehmen; und sei es nur als guter „Mikrowellenkoch" bei der alleinigen Zubereitung des eigenen Mittagessens. Wer in der Schule mit Freiräumen beim Lernen umzugehen weiß, wer früh lernt, dass er für seine Tätigkeit und sein Lernen selbst verantwortlich ist, der wird außerhalb der Schule mit den dort verlangten Verantwortlichkeiten besser zurechtkommen.

Der „Freiraum Schule" ist ein Lernraum fürs Leben. Hier können Kinder (hoffentlich) zunächst unbeschadet ihre Erfahrungen machen, ihre Grenzen ausloten, den menschenwürdigen Umgang mit anderen vertiefend lernen. In Zukunft wird lebenslanges Lernen unabdingbar. Dann ist aber um so wichtiger, dass Kinder ihr eigenes optimales Lernen in der Schule auch erfahren und erproben können. Dann dürfen die Inhalte nicht die alleinige Priorität darstellen. Das Zusammenhalten einer Klasse, um weiterhin gleichschrittig in die Wissensgebiete einzudringen, widerspricht den legitimen Ansprüchen der einzelnen Kinder auf optimale Förderung.

Wir haben in unserer Ausbildung wenig über derartige Betrachtungen erfahren und gelernt. Doch dies kann und darf nicht zum Nachteil der heutigen Kinder sein, die eine Ausbildung benötigen, die sie für die Anforderung ihrer Zukunft optimal vorbereitet.

Die Arbeitsformen der weiterführenden Schulen werden immer wieder als Argument für „zielgerichtetes" Lernen in der Grundschule verwendet. Ich vertrete hier eine andere Meinung, die mehrere Aspekte einbezieht:

Kinder, die in der Grundschule gelernt haben, ihre Ziele zu artikulieren, ihr Leben zu strukturieren und sich selbst Ziele zu setzen, die also selbstständig lernen können, werden diese Eigenschaften in jeder weiterführenden Schule als Vorteile erfahren. Außer in einführenden Einheiten wird z. B. an Gymnasien immer noch selten *das Lernen selbst* in den Vordergrund gestellt. Wer schon selbst lernen kann, hat mit den eher darbietenden Formen weniger Schwierigkeiten als Kinder, die immer detaillierte und genaue Anweisungen erwarten.

Die auf der Grundschule aufbauenden Schulen kennen wir, wenn überhaupt, fast nur aus unseren eigenen Erfahrungen und den Berichten unserer Kinder. Überall ist Bewegung und vielleicht beschleunigt sich diese dadurch, dass Kinder aus der Grundschule mit einem stabilen Selbstwertgefühl und einem Anspruch an kindgerechtes Lernen in diese Schule überwechseln. Veränderungen gibt es selten von oben, sie breiten sich meist von unten aus, womit Schüler und Lehrer, Grundschule und weiterführende Schulen und auch das Verhältnis Schule und Schulaufsicht gemeint sind.

Notwendigkeiten für Veränderungen und Ansätze gibt es genug. Sie in die positiv orientierte Richtung zu lenken, auf eine kindgerechte Schule, sie auf dasselbe Ziel hin zu optimieren, das ist unser gemeinsamer Auftrag.

Hilft dabei auch das Lernen an Stationen?

Das muss die Leserin, der Leser für sich selbst entscheiden. Jedoch bitte nicht auf der Grundlage gedanklich entworfener Argumente, sondern auf der Grundlage eigenen Tuns. Es liegt wohl in unserer Natur als Lehrkräfte, dass wir weit vorausschauen und versuchen, Folgen abzusehen. Häufig bleibt dann: „Es könnte ja dies und das geschehen", und dann kann es nicht gut gehen!

Wer eine Sache mit Skepsis beginnen möchte, sollte meines Erachtens die Skepsis behalten und die Sache bleiben lassen; sie kann mit einer pessimistischen Grundeinstellung nicht gut gehen. Das gilt auch für das Lernen an Stationen!

Ich habe für mich die Erfahrung gemacht, dass es sich lohnt, etwas zu probieren, bereits Vorhandenes zu hinterfragen oder zu bestätigen. Meine guten Erfahrungen möchte ich auf diesem Wege weitergeben.

Ihnen, liebe Leserin, lieber Leser, wünsche ich dasselbe, positive Erfahrungen mit „Ihren" Kindern und Bestätigung für Ihre Arbeit, die sie wohl nur von „Ihren" Kindern während der täglichen Arbeit erhalten können. Wir haben uns für einen Beruf entschlossen, der mit Kindern zu tun hat und damit auf die Zukunft ausgerichtet ist. Kinder sind unsere Zukunft. Optimismus ist ihrer und unserer Zukunft wegen angesagt. Optimismus aber heißt: Ich versuche es, es könnte ja auch gut gehen! Wie sagte schon Erich Kästner: „Es gibt nichts Gutes, außer man tut es."

Anhang

Beispiele

In diesem Anhang werden einige Beispiele für Differenzierungsangebote, für Berücksichtigung der Lerneingangskanäle sowie Vorschläge für die Gestaltung von Stationen zu unterschiedlichen Themengebieten angeboten.

Berücksichtigung der Eingangskanäle am Beispiel von Einmaleinsreihen

Für den *optischen Typ* werden Zeichnungen angeboten, die die Kinder mit dem zu übenden Stoff verbinden und bei denen sie unter Umständen auch Farbstrukturen für sich sinnvoll verwenden: z. B. Fisch anmalen, Dreierschritte mit Struktur auf dem Zahlenstrahl, Partnerspiel mit Einkreisen, Dreierblume.

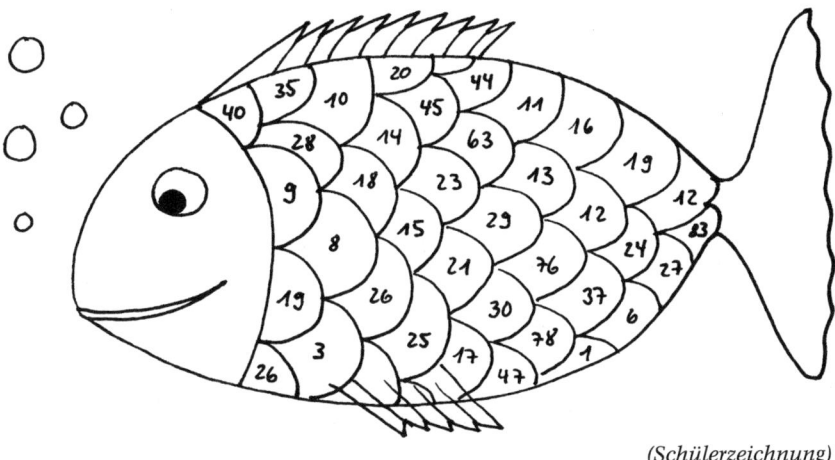

(Schülerzeichnung)

Male den Fisch aus. Für die Schuppen mit Zahlen aus der Dreier-Reihe nimm eine besondere Farbe.

Zeichne mit Pfeilen die Dreierschritte auf dem Zahlenstrahl.

Partnerspiel: Das 1 × 1 üben

1. Suche dir einen Partner.

2. Jeder braucht dieses Blatt als Spielplan und einen Stift.

3. Jeder Spieler muss möglichst schnell alle Zahlen, die zum 1 × 7 gehören, einkreisen.
   Ihr könnt euch einigen, ob
   – beide vorne anfangen,
   – beide am Ende der Reihe anfangen,
   – jeder anfangen kann, wo er möchte.

4. Einer muss das Startzeichen geben!

1	2	3	4	5	6	7	8	9	10
11	12	13	14	15	16	17	18	19	20
21	22	23	24	25	26	27	28	29	30
31	32	33	34	35	36	37	38	39	40
41	42	43	44	45	46	47	48	49	50
51	52	53	54	55	56	57	58	59	60
61	62	63	64	65	66	67	68	69	70
71	72	73	74	75	76	77	78	79	80
81	82	83	84	85	86	87	88	89	90
91	92	93	94	95	96	97	98	99	100

Dreierblume: Kreise alle Zahlen aus der Reihe mit 3 ein. 5 Zahlen bleiben übrig.

9	3	12	27	18		
21	20	23	29	13		
14	24	6	30	15		

Der *akustische Eingangskanal* kann alleine angesprochen und ebenfalls sehr gut mit anderen Lernkanälen verknüpft werden:

Auf eine Tonkassette, die über den Walkman abgehört wird, können die Kinder oder die Lehrerin Zahlreihen mit bewusst eingebauten Lücken sprechen. Die Kinder hören sich die Zahlreihen an und schreiben die fehlenden Zahlen auf. Kontrollbogen helfen beim anschließenden Überprüfen.

Arbeitsanweisungen für „kombinierte" Übungen könnten etwa folgendermaßen lauten:

Treppe aufwärts und abwärts:

Übe leise auf der Treppe!

1. Sprich die Zahlenfolge der Reihe mit 3 vorwärts und rückwärts ganz gleichmäßig durch.
2. Versuche nun, genau im Takt zum Sprechen die Treppe aufwärts und abwärts zu hüpfen.

Partnerspiel im Gang:

Übt bitte möglichst leise auf dem Gang!

1. Suche dir zuerst einen Partner.
2. Nehmt einen Ball mit.
3. Setzt euch auf dem Gang gegenüber und rollt den Ball (leise) gleichmäßig hin und her.
4. Du sagst beim Wegrollen des Balls die erste Zahl der Reihe mit 3. Dein Partner rollt den Ball zurück mit der zweiten Zahl der Reihe mit 3. Ihr rollt einander Ball und Zahlen so lange zu, bis die ganze Folge der Reihe mit 3 lückenlos und gleichmäßig „kugelt".
5. Versucht es dann auch rückwärts.

Spiel im Freien – Prellen:

1. Nimm einen Ball mit.
2. Prelle den Ball ganz gleichmäßig!
3. Sprich dazu im gleichen Rhythmus die Zahlenreihe der Reihe mit 3 vorwärts.
4. Kannst du beim Prellen deine Folge auch rückwärts sprechen? Dann versuche es doch einfach!

Die folgende Übung verbindet Körperempfinden und akustischen Kanal im Partnerspiel direkt.

Suche dir einen Partner.

1. Einigt euch vor jedem Beginn auf eine bestimmte Zahlreihe.
2. Fasse deinen Partner an der Hand oder am Arm und drücke mit deinem Daumen mehrmals nacheinander auf seine Hand oder seinen Arm.
3. Er zählt mit und sagt dir anschließend das Ergebnis, das zu der vereinbarten Zahlenreihe passt.
4. Selbstverständlich ist auch ein Rollentausch möglich: Dein Partner drückt und du rechnest.

Der eher *intellektuelle Lerntyp* wird sich Aufgaben mit Symbolen, also Zahlen, zuwenden wie: Dreierschritte, Übungswagen (s. S. 151), Grundaufgaben helfen (s. S. 152).

Die Beispiele stammen aus dem Mathemax-Unterrichtswerk, 1984 Cornelsen Verlag, Berlin.

Übungswagen für Einmaleinsaufgaben

die Reihe mit **2**	die Reihe mit **3**	die Reihe mit **3**	die Reihe mit **4**	die Reihe mit **5**
3 · 2 6	10 · 3 30	7 · 3 21	9 · 4 36	6 · 5 30
7 · 2 14	2 · 3 6	9 · 3 27	8 · 4 32	9 · 5 45
9 · 2 18	5 · 3 15	8 · 3 24	4 · 4 16	7 · 5 35
8 · 2 16	1 · 3 3	6 · 3 18	7 · 4 28	8 · 5 40

Einzelspiel

© *1984 Cornelsen Verlag, Berlin;*
Zeichnung von Erich Rauschenbach

Decke beim Einzelspiel alle Ergebnisfelder mit Plättchen ab. Sage, was unter den Plättchen steht, und überprüfe. Wenn du die richtige Lösung gefunden hast, darfst du das Plättchen wegnehmen.

Die Grundaufgaben helfen

$1 \cdot 3 =$ ⬚

$2 \cdot 3 =$ ⬚

$3 \cdot 3 =$ ⬚

Schreibe alle Zahlen der Reihe mit 3
nochmals untereinander.

$1 \cdot 3 =$ ⬚

$5 \cdot 3 =$ ⬚

$6 \cdot 3 =$ ⬚

▽! *Reihenfolge beachten!*

$1 \cdot 3 =$	_____	4
	_____	3

$2 \cdot 3 =$ ⬚

$5 \cdot 3 =$ ⬚

$7 \cdot 3 =$ ⬚

_____	2
_____	2
_____	3
_____	2
_____	1

$10 \cdot 3 =$ ⬚

$1 \cdot 3 =$ ⬚

$9 \cdot 3 =$ ⬚

_____	1
_____	1
_____	1

$5 \cdot 3 =$ ⬚

$1 \cdot 3 =$ ⬚

$4 \cdot 3 =$ ⬚

So oft müssen
die Ergebnisse
auf der linken Seite
vorkommen!

$2 \cdot 3 =$ ⬚

$4 \cdot 3 =$ ⬚

$8 \cdot 3 =$ ⬚

$3 \cdot 3 =$ ⬚

$6 \cdot 3 =$ ⬚

Inhaltliche Differenzierung am Beispiel der Kartoffelpflanze

1. Auf dem Bild ist die Kartoffelpflanze dargestellt. Zeichne sie selbst in dein Heft und schreibe die Begriffe dazu.

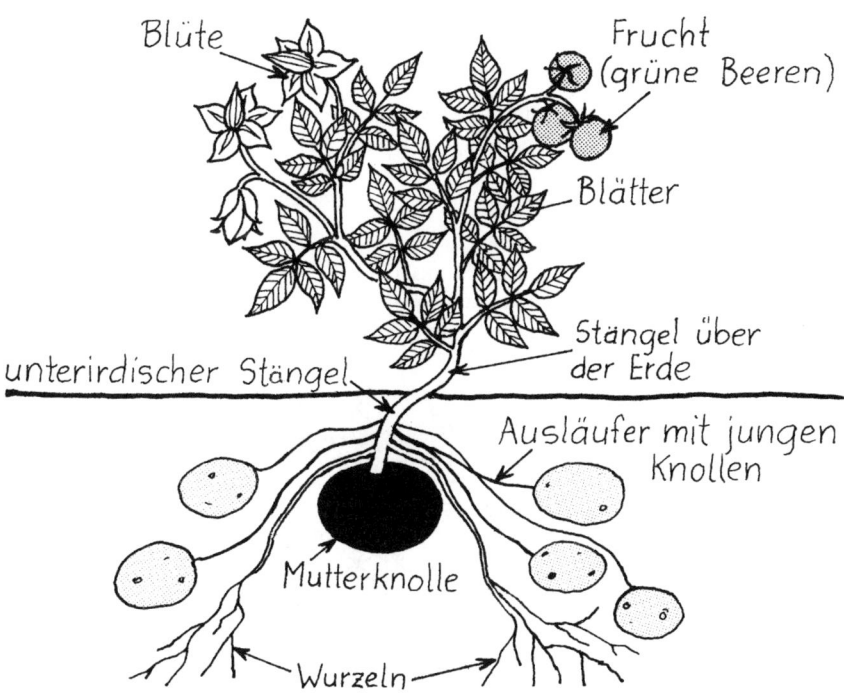

(Zeichnungen und Text auf S. 154 aus: Hans Mozer, Die Kartoffel, Differix Klassenbibliothek, Cornelsen Verlag, Berlin 1989)

2. Vor dir liegt ein Text, der die Kartoffelpflanze beschreibt, und die Zeichnung der Kartoffelpflanze. Lies den Text genau durch und schreibe dann
an die Kopie der Zeichnung die richtigen Begriffe. Selbstverständlich sieht
die Zeichnung in Originalfarben noch besser aus! (Die Schautafel hilft dir
dabei.)

Wie sieht die Kartoffelpflanze aus?

Die Kartoffelpflanze wächst über und unter der Erde. Die Mutterknolle ist wie
eine Vorratskammer. Aus ihr wächst der Stängel, der sich über der Erde ver-
zweigt und eine Staude mit Blättern bildet.

Im Sommer blüht die Kartoffelpflanze zartblau, rosa oder weiß.
Aus der Blüte wächst eine Frucht. Diese Beere („Kartoffelapfel") enthält etwa
100 Samenkörner.
Die grünen Beeren und Pflanzenteile über der Erde kann man nicht essen. Sie
sind giftig.

Unter der Erde wachsen am Stängel Ausläufer. Sie verdicken sich und bilden
neue Knollen. Die Knollen können wir essen.
Mit den Wurzeln holt die Pflanze Nährstoffe aus dem Boden.

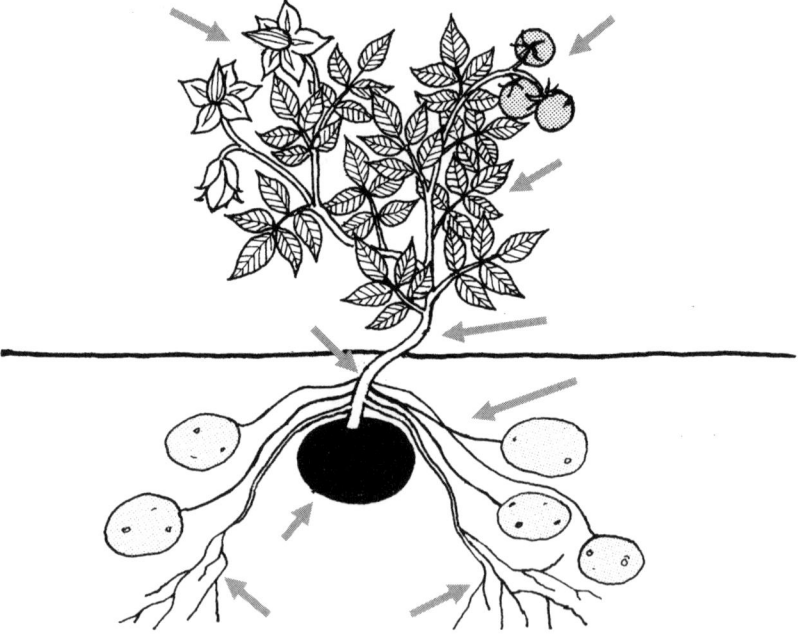

3. Vor dir liegt ein Arbeitsblatt, auf dem die wesentlichen Teile einer Kartoffelpflanze dargestellt sind. Die Teile sind zum Ausschneiden und sollen anschließend richtig zusammengesetzt werden. Schneide dann auch die Begriffe aus und klebe sie an die richtige Stelle.

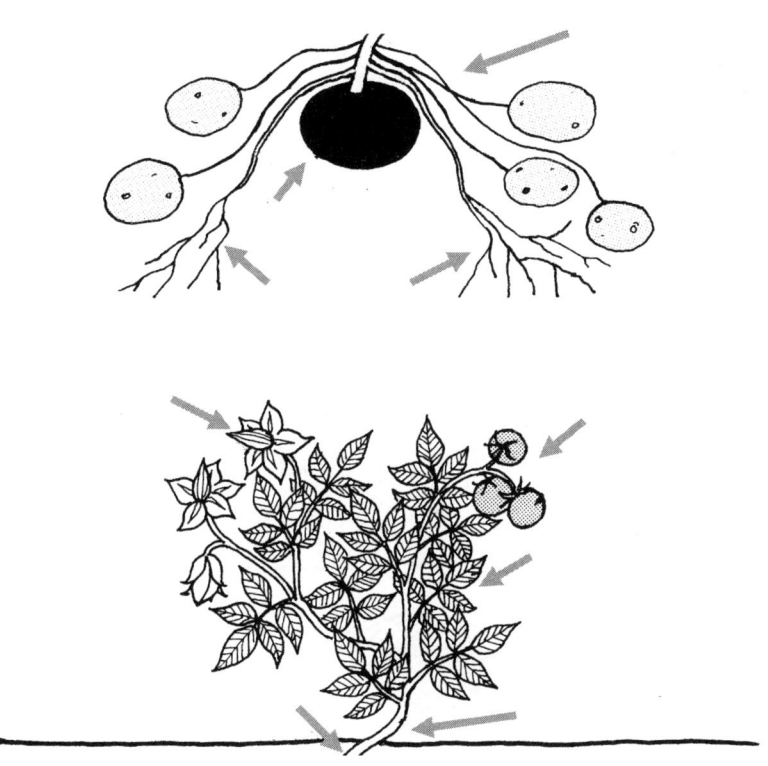

Ausläufer mit
jungen Knollen

Mutterknolle

Wurzeln

Blüte

unterirdische Stängel

Stängel über der Erde

Blätter

Frucht (grüne Beeren)

4. Auf dem Arbeitsblatt ist die Kartoffelpflanze dargestellt. Wie die einzelnen
   Teile heißen, steht auf der Vorlage. Schreibe auf deinem Arbeitsblatt die
   richtigen Begriffe dazu. Falls du deine Pflanze in der richtigen Farbe
   ausmalen willst, hilft dir die Schautafel bei der Auswahl der richtigen
   Farben.

5. Auf dem Arbeitsblatt ist die Kartoffelpflanze dargestellt. Wie die einzelnen
   Teile heißen, steht auf der Vorlage. Ordne die Kärtchen bei der Kartoffelpflanze zu. Lass durch ein anderes Kind die Richtigkeit überprüfen.

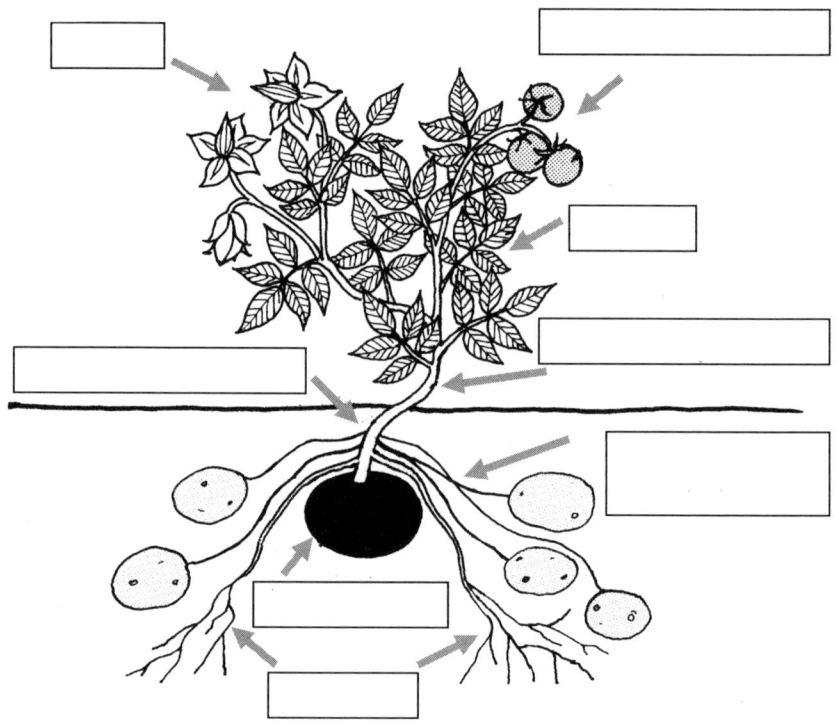

Tipp: Schön und sinnvoll wäre, wenn nicht nur eine Schautafel (Zeichnung)
zur Verfügung stünde, sondern auch eine vorsichtig ausgebuddelte „echte"
Kartoffelpflanze als Anschauungsobjekt dienen könnte.

Vorschläge für Umsetzungsmöglichkeiten

Die folgenden Programme sollen zum einen durch ihre Gliederung verdeutlichen, welcher Schwerpunkt jeweils im Vordergrund steht, zum anderen zur eigenen Gestaltung anregen.

Die Überschriften stehen für jeweils ein Themengebiet, die Angaben darunter sind Hinweise auf mögliche Arbeitsstationen zu diesen Teilthemen.

Übungszirkel zum Einmaleins

In jeder „Zone", jedem Bereich, steht ein Schwerpunkt im Mittelpunkt, zu dem unterschiedliche Angebote unterbreitet sind. Die einzelnen Angebote sollen dabei möglichst viele unterschiedliche Interessen der Kinder erreichen.

In der Zone 1 sind Angebote zur Dreier-Reihe, die schwerpunktmäßig unterschiedliche Eingangskanäle berücksichtigen. In Zone 2 wird dasselbe Angebot für die Zweier- und Vierer-Reihe unterbreitet. In Zone 3 steht die bewusste Wiederholung der Grundaufgaben an. Den Kindern werden mehrere 1 x 1-Reihen zum Üben angeboten, da jedes Kind die Grundaufgaben an seiner „Lieblingsreihe" üben soll.

Zone 4 ist durch Zufall entstanden: Es sind ausnahmslos Spiele in dieser Zone angeboten. Die Kinder in dieser Klasse waren sehr spielbegeistert. Wenn ich also volle Freiheit anbot, waren jeweils nur die Spiele begehrt. Aus diesem Grund sind die zeitlich umfangreicheren Spiele in einer Zone zusammengefasst.

Innerhalb der Zone 5 sind bei allen Angeboten Zahlen unterschiedlicher Einmaleinsreihen zu ordnen. Die Angebote sehen im Zeichnerischen und auf der Handlungsebene unterschiedliche Ordnungsmöglichkeiten vor (verbinden, einkreisen, zuordnen, einordnen).

Alle Aufgaben innerhalb der Zone 6 beinhalten jeweils mehrere 1 x 1-Reihen und immer handelnden Umgang mit Materialien (Spielgeld, Papierstreifen, Felder belegen, Wendekärtchen, Stäbchen legen).

Zuordnungen und unterschiedliche Darstellungsformen dabei bilden den Inhalt der siebten Zone.

Zone 8 beschäftigt sich mit Zusammenhängen der einzelnen Reihen zueinander. Die Zusammenhänge sind entweder auf der symbolischen Ebene, nur über Zahlen, darzustellen oder aber in unterschiedlichen Tabellenformen bzw. Strichverbindungen. Die Strichmännchen lassen mögliche Partnerarbeit erkennen.

Einmaleins-Übungszirkel (Übersichtsplan)

Dreiereinmaleins (Zone 1)
- Dreierblume
- Dreierfisch
- Dreierschritte

Zweier- und Vierereinmaleins (Zone 2)
- Rechenstern
- In der Waldschule
- Zweier und Vierer für Rechenmeister

Grundaufgaben (Zone 3)
- Grundaufgaben helfen beim Zweier
- Grundaufgaben helfen beim Dreier
- Grundaufgaben helfen beim Vierer
- Grundaufgaben helfen beim Fünfer

Spiele (Zone 4)
- Hampelmann-Rad
- Würfelspiel
- Übungshaus   oder
- Übungshaus 1
- Übungshaus 2

Ordnen (Zone 5)
- Dreierspiel
- Einkreisen
- Einordnen
- Verbinden

Arbeit mit Material (Zone 6)
- Geld wechseln
- Zehner- und Fünferstreifen
- Felder legen
- Wendekärtchen
- Stäbchen legen
- Perlenkette
- Papierstreifen

Zuordnen (Zone 7)
- Ordne zu
- Kreise ein
- Streiche und verbinde

Zusammenhänge (Zone 8)
- Wer gehört zusammen?
- Malaufgaben
- Wer liegt dazwischen?
- $</>/=$

Zahlenraum bis 10 und Zahlbereichserweiterung

Die beiden folgenden Übersichten bieten zu den Themen „Zahlenraum bis 10" und „Zahlbereichserweiterung" Übungen an. Die jeweiligen Bereiche (Zahlen darstellen, Beziehungen herstellen usw.) stellen die Struktur des Inhalts dar, sie könnten z. B. mit je einer Farbe oder einer sonstigen Kennzeichnung für die Kinder die Struktur des Inhalts transparent machen. Jeder Punkt in der Aufzählung ist ein Arbeitsauftrag, den die Kinder in freier Auswahl bearbeiten. Es sind jeweils unterschiedliche Zugänge oder Bearbeitungsarten berücksichtigt. Selbstverständlich können die Gliederungen ohne großen Aufwand auf andere Zahlbereiche übertragen werden; Zahlbereichserweiterungen sind in jedem Schuljahr ein Thema. Das heißt, dass über eine derartige Aufarbeitung den Kindern jeweils die gleiche Grundstruktur angeboten wird. Die Kinder erkennen dann bereits an der Struktur, dass es sich nicht um grundsätzlich neue Inhalte handelt, sondern lediglich um die Erweiterung bereits vorhandenen Wissens.

Zahlenraum bis 10 – Übungen

Zahlen darstellen:

- Würfelbilder malen
- Gegenstände stempeln
- Steckwürfel zusammenstecken
- Plättchen legen
- Kästchen anmalen
- Kästchen ausschneiden, eventuell zusammenkleben
- Gegenstände zusammenfassen
- Übungen mit
  - Klappbuch
  - Waben
  - Lernmaschine
  - Domino-Puzzle
- fehlende Plättchen zufügen, dazumalen usw.

Beziehungen herstellen (größer – kleiner):

- Steckwürfeltürme vergleichen
- Farbstreifen vergleichen
- Anzahlen durch Zuordnen vergleichen (Paarbildung)

▨ Übungen mit
 - Klappbuch (Querformat)
 - Lernmaschine
 - Waben (um ... größer/kleiner)
 - Domino-Puzzle

Addieren:

▨ alles machbar, was unter „Zahlen darstellen" auch schon genannt ist

▨ konkreter Umgang mit Material sehr wichtig! Z. B. auch:
 - legen, malen, Rechenaufgabe daraus entwickeln
 - Rechenaufgabe, etwas dazu malen, legen

▨ Tauschaufgaben suchen:
 - Würfelbilder
 - Lernmaschine
 - Waben
 - Domino-Puzzle

▨ Rechengeschichten erfinden, spielen, erzählen

▨ fehlende Plättchen dazumalen

Subtrahieren (Darstellung durch Wegnehmen/Abstreichen):

▨ Gegenstände stempeln

▨ Steckwürfel trennen

▨ Plättchen legen und wegnehmen (trennen)

▨ Kästchen anmalen und durchstreichen

▨ Übungen mit
 - Klappbuch
 - Waben (z. B. immer 2 weniger)
 - Domino-Puzzle

▨ Rechengeschichten erfinden, spielen, erzählen

▨ entsprechende Plättchen wegstreichen

▨ Zahl als Differenz darstellen

▨ es bleiben immer ... übrig

▨ gleiche Werte verbinden

Zahlbereichserweiterung

Zahlen legen und Zahlen bilden (unterschiedliche Darstellung):
- Kärtchen
- Zahlenhaus
- Millimeterpapier
- Würfel
- Lernmaschine, Waben (gleiche Zahlen, unterschiedliche Darstellung)
- Klappbuch

Zahlen ordnen und Zahlen vergleichen:
- lesen und der Größe nach ordnen
- Beziehungen herstellen (größer/kleiner als)
- Zahlen dazwischen suchen
- Reihen fortsetzen, Lücken in Reihen schließen
- in Schritten zählen (Einer, Zehner, Hunderter, Tausender)
- Lernmaschine (schreibe den nächsten ... Zehner, ...)

Zahlen schreiben und lesen/Zählen:
- Wörter in Zahlenhaus übertragen
- Zahlen zerlegen (nach Stellenwert)
- mit Kärtchen legen, dann in Ziffernschreibweise schreiben
- schreiben und ordnen
- mit dem Klappbuch oder der Lernmaschine Zahlschreibweisen umsetzen

Nachbarzahlen/Vorgänger/Nachfolger:
- Vorgänger und Nachfolger aufschreiben
- Nachbarzehner suchen
- Nachbarhunderter suchen
- Nachbartausender suchen

Zahlentafel:
- Strukturen erkennen, Zahlen bestimmen, Felder suchen
- freie Felder ausfüllen
- Ausschnitte richtig zuordnen

Zahlenstrahl:
- am Zahlenstrahl Zahlen kennzeichnen
- fehlende Zahlen eintragen

Die Post

Das Angebot zum Lernen an Stationen, Thema „Post", lässt an seiner Struktur erkennen, dass eine Bearbeitung sowohl in Anlehnung an eine Einführungsphase möglich ist als auch ein selbstständiges Einarbeiten in das Gebiet aus dem Sachunterricht. Gleichzeitig ist der Inhalt mit Bereichen aus dem Deutschunterricht (Texte lesen, Kreuzworträtsel, Berichte schreiben, Abläufe festhalten usw.) und mit solchen aus Mathematik verknüpft (Datumsangaben, Briefmarkenwerte, Gewicht-Porto-Zuordnungen usw.). Bei einer täglichen Bearbeitungszeit von einer Unterrichtsstunde sind zwei bis drei Wochen zu veranschlagen.

Die Post (3. Schuljahr)

Was man bei der Post alles machen kann:

- Begriffe aufschreiben
- Piktogramme ausschneiden, anmalen, zuordnen
- Wann braucht man welche Leistung der Post?

Ein Brief oder ein Päckchen ist unterwegs:

- Bilder ausschneiden und in die richtige Reihenfolge bringen
- dasselbe mit Textteilen
- einen kurzen Text zu Überschriften schreiben

Anschrift/Absender/Postleitzahl usw.

- Was ein Poststempel verrät
- die eigene Anschrift auf einen Brief schreiben
- eine vorgegebene „Würfel"-Anschrift ordnen und auf einen Brief schreiben
- fehlerhafte Anschriften korrigieren bzw. ergänzen
- Postleitzahlen aufschreiben/suchen
- einem Klassenkameraden eine Postkarte schreiben
- lineare Anschriftenangaben in postgerechte Form übertragen

Briefmarken/Postwertzeichen

- verschiedenartige gleichwertige Briefmarken ausschneiden und aufkleben (Sondermarken beachten)
- Briefmarken nach vorgegebenen Werten (Addieren) zusammenstellen
- Porto für vorgegebene Postsendungen bestimmen, aufschreiben
- Briefmarke erfinden/gestalten

Telefonieren

- Signaltöne erkennen (aufzeichnen, beschreiben usw.)
- Reihenfolge beim Telefonieren (eigenes Telefon)
- Reihenfolge beim Telefonieren (Münzfernsprecher oder/und Kartentelefon)
- Telefonnummern suchen
- Telefonnummern zuordnen (zuerst suchen)
- wichtige Telefonnummern aufschreiben
- telefonieren mit Kindertelefon
- telefonieren mit dem Schnurtelefon

Allgemeine Informationen, eventuell Postsparen sowie Geschichte der Post

- Texte zum Lesen
- Bilder zuordnen
- Kreuzworträtsel
- Poststempel nach Angaben zeichnen

Der Hund

Die folgende Gliederung zum Thema „Der Hund" deutet Möglichkeiten an, mit denen ein Tier oder Pflanzen über das Lernen an Stationen vertiefend betrachtet werden können.

Der Hund

Es gibt verschiedene Hunde

- Hunderassen (Bildkarten usw.)
- Hundearten (Jagdhund, Wachhund, Schoßhund usw.)

Der Hund hilft dem Menschen
(jeweils Bilder und passende Arbeitsaufträge)

- Jäger
- Schäfer
- Spaziergänger usw.

Artgemäße Tierhaltung

(Informationstexte, unterschiedliche Bilder von Hunden und der Tierhaltung, mit dem Auftrag selbst Beschreibungen zu erstellen)

Anpassung an Lebensräume

- Welchen Lebensraum hat der jeweilige Hund, wie sollte er gestaltet sein?
- Bilder bereitstellen, Anforderungen an die Lebensweise beschreiben

Verhaltensformen

- natürliche (angeborene)
- anerzogene (gelernte)

Die „Sprache" von Hunden

- Typische Sprache von Hunden (Bellen, Schwanzbewegungen, Nacken- und Rückenhaare)

Herbst

Das Thema „Herbst" lässt sich fächerübergreifend in der Grundschule gestalten. Es betrachtet Inhalte, die von ihrer Sachinformation her dem Sachunterricht zuzuordnen wären, Gedichte, Texte und Geschichten sind im Deutschbereich angesiedelt. Wetterbeobachtungen, das Feststellen und Festhalten der entsprechenden Werte sind Anwendungsgebiete aus dem Mathematikunterricht. Zudem bietet dieses Thema auf der künstlerischen und musischen Seite gute Ausdehnungsmöglichkeiten. Die angebotene Auflistung soll nur Anregungen geben und erhebt keinen Anspruch auf Vollständigkeit. In allen Bereichen steht jedoch die Handlungsorientierung deutlich im Vordergrund.

Herbst

Im Herbst gibt es viele Früchte

- Früchte auf Bäumen und Sträuchern
- Früchte aus dem Gemüsegarten
- Früchte, die der Bauer auf dem Feld erntet
- Früchte, die man aus dem Boden holen muss
- Früchte aus aller Welt

Zum Ernten benötigt man Geräte und Maschinen

- Obst einsammeln
- Früchte aus dem Boden holen
- Erntemaschinen des Bauern

Das Wetter im Herbst

- Was man alles beobachten kann
- Der Nebel ist schön und gefährlich
- Dinge, die der Wind bewegt
- Wen die Sonne alles wärmt
- In der Nacht wird es mir schon ganz kalt

Wir kochen eine Gemüsesuppe

- Was wir alles dazu benötigen
- Es gibt viele Suppengemüse
- So müssen wir das Gemüse putzen

Wie die Farben im Herbst

- Es gibt viele rote Dinge
- Gelbe Gegenstände, nicht nur im Herbst
- Dinge, bunt wie der Herbst

Die unterschiedlichen Arbeitsaufträge können jeweils:

- Dinge zuordnen lassen
- aufschreiben
- zuordnen und malen
- Wortschlangen bilden
- in einer Ausstellung geordnet werden
- usw.

Vorbereitung eines Diktats

Hauptziel dieses Übungszirkels ist, dass sich Kinder auf ganz verschiedenen Ebenen mit den Übungsinhalten zur Vorbereitung auf ein Diktat auseinandersetzen können.

Übungszirkel zur Vorbereitung auf ein Diktat

Die Stationen und ihre Reihenfolge sind frei gewählt und sollen lediglich durch die Kurzbeschreibung Anregungen zur Erstellung geben.

Partnerdiktat
Es werden Teile der zu übenden Wörter integriert. Ein Schüler diktiert und beobachtet den schreibenden Partner. Immer wenn dieser beim Schreiben eines Wortes einen möglichen Fehler beginnt, gibt der Part-

ner ein vorher vereinbartes Signal, indem er z. B. den Arm des Schreibers berührt. Gemeinsames Ziel ist, möglichst keine Fehler zu machen.

Kreuzworträtsel

Reimwörter
Unter Verwendung der zu übenden Wörter Reimwörter suchen oder auf Wortkarten zuordnen.

Purzelwörter
Wörter sind so aufgeschrieben, dass ein Teil der Buchstaben durcheinander gepurzelt ist. Die Schüler schreiben die Wörter richtig ins Heft oder auf Folie.

Bandwurmsatz
Es sind jeweils ein oder zwei Bandwurmsätze (ohne Zwischenraum zwischen den einzelnen Wörtern) vorgegeben, die die Schüler abschreiben oder durch Trennstriche auf der bereitliegenden Folie kennzeichnen.

Geheimschrift
Schwierige Wörter werden nach einer Geheimschrift gebildet und aufgeschrieben.

Wortarten in einem Text *unterstreichen* (z. B. alle Namenwörter)

Teile in einem Text *einkreisen* (z. B. die groß geschriebenen Satzanfänge)

Würfelspiel
Zu dem mit dem Buchstabenwürfel gewürfelten Buchstaben wird ein entsprechendes Wort gesucht und aufgeschrieben (z. B. bestimmte Wortarten, mit ie, mit ss usw.).

Dosensätze lesen und ganz oder nur vorgegebene Wörter aufschreiben

Puzzle (entsprechend dem Auftrag – groß, klein, ie, Wortart usw. – zuordnen)

Text von der Tafel *abschreiben*

Verben konjugieren (z. B. auf einem Arbeitsblatt eintragen)

Lernmaschine
Wörter aufschreiben oder vervollständigen oder nach einem Bild definieren und aufschreiben

Wörter auf- und abbauen
Dies ist mit Buchstabenwürfeln, -karten, Stempeln oder einer Schreibmaschine möglich.

Literaturverzeichnis

Bollnow, Friedrich: Vom Geist des Übens, Stäfa (CH), 2. Auflage 1987

Bräuer, Gottfried: „Störungen als Botschaften für den Lehrer". In: Karl Schneider (Hrsg.): Das verdrängte Disziplinproblem, Langenau-Albeck, 2. Auflage 1993, S. 75–98

Bruner, Jerome S.: Entwurf einer Unterrichtstheorie, Düsseldorf 1974

Faust-Siehl, Gabriele u. a.: „Lernen an Stationen". In: Grundschule, Heft 3/1989, S. 22–25

Faust-Siehl, G./Garlichs, A./Ramseger, I. u. a.: Die Zukunft beginnt in der Grundschule, Reinbek 1996

Fölling-Albers, Maria (Hrsg.): Veränderte Kindheit – Veränderte Grundschule, Frankfurt 1989

Freinet, Célestin: Pädagogische Texte, Reinbek 1980

Kanzler, Eberhard: „Das Planungsgespräch, oder die Schüler reden lassen". In: Bernd Lehmann (Hrsg.): Kinder-Schule: Lehrer-Schule, Langenau-Albeck 1990

Meister Vitale, Barbara: Lernen kann phantastisch sein. Kinderleicht, kindgerecht, kreativ, Offenbach 1993

Montessori, Maria: Kinder sind anders, Frankfurt, Berlin, Wien 1980

Piechorowski, Arno: Vielfältiger Erstleseunterricht, Langenau-Albeck 1979

Reichen, Jürgen (Hrsg.): Lesen durch Schreiben – Lehrerkommentar, Zürich, 3. Auflage 1988

Rolff, Hans-Günter: Kindheit im Wandel, Weinheim, Basel 1990

Speichert, Horst: Richtig Üben macht den Meister, Reinbek 1985

Ullrich, Heiner/Hamburger, Franz (Hrsg.): Kinder am Ende ihres Jahrhunderts, Langenau-Albeck 1991

Vester, Frederic: Denken – Lernen – Vergessen, München 1978

Wallaschek, Uta: „Zirkeltraining". In: PMP Grundschule I/1988, S. II/1

Wallaschek, Uta: „Lernzirkel – eine Arbeitsform, die selbstständiges, individuelles Arbeiten ermöglicht". In: Bernd Lehmann (Hrsg.): Kinder-Schule: Lehrer-Schule, Langenau-Albeck 1990, S. 85–106

Wallrabenstein, Wulf: Offene Schule, offener Unterricht, Reinbek 1995

Bezugsquellen

Bücher, Themenhefte, Arbeitsmappen etc. können Sie sicher am besten über den Buchhandel beziehen. Auf der Suche nach Lernspielmaterialien und weiterem Material, das Sie für die Gestaltung der Stationen gebrauchen können, helfen Ihnen folgende Adressen:

AOL-Verlag, Waldstraße 17–18, 77839 Lichtenau

Auer Verlag, Postfach 1152, 86601 Donauwörth

Beenen Lehrmittel, Issumer Weg 19, 46519 Alpen

Arnulf Betzold, Schönauer Straße 10, 73479 Ellwangen

Cornelsen Verlag, Postfach 33 01 09, 14171 Berlin

Cornelsen Verlag Scriptor, Krampasplatz 1, 14199 Berlin

Buchhandlung Elke Dieck, Postfach 1240, 52525 Heinsberg

Hail Lehrmittel, Eifelstraße 20, 72766 Reutlingen

Heinevetter Verlag, Papenstraße 41, 22089 Hamburg

Klett Verlag, Postfach 10 60 16, 70049 Stuttgart

Neuer Finken Verlag, Postfach 1546, 61440 Oberursel

Pädagogik-Kooperative, Goebenstraße 8, 28209 Bremen

Sigrid Persen (Bergedorfer Kopiervorlagen), Dorfstraße 14, 21640 Horneburg

Ursula Riedel Lehrmittel, Unter den Linden 15, 72762 Reutlingen

Sauros-Verlag, Marienstraße 87, 50825 Köln

Schubi-Lernmedien, Hochwaldstraße 18, 78224 Singen

Wehrfritz-Verlag, Postfach 1107, 96376 Rodach

Westermann Verlag, Georg-Westermann-Allee, 38019 Braunschweig